读客女性主义文库

熊猫君激发个人成长

课长，这不是恋爱，
这就是性骚扰！

［日］牟田和惠 著　　曾玉婷 译

部長、その恋愛は
セクハラです！

北京日报出版社

图书在版编目（CIP）数据

课长，这不是恋爱，这就是性骚扰！/（日）牟田和惠著；曾玉婷译. -- 北京：北京日报出版社，2024.9
ISBN 978-7-5477-4938-8

Ⅰ.①课… Ⅱ.①牟… ②曾… Ⅲ.①性犯罪－研究 Ⅳ.① D914.34

中国国家版本馆 CIP 数据核字 (2024) 第 083744 号

BUCHO, SONO RENAI WA SEKUHARA DESU! by Kazue Muta
Copyright © Kazue Muta 2013
All rights reserved.
Original Japanese edition published by SHUEISHA Inc.
This Simplified Chinese language edition is published by arrangement with the author in care of Tuttle-Mori Agency, Inc., Tokyo
Simplified Chinese translation copyright © 2024 by Dook Media Group Limited.
All rights reserved.

中文版权 ©2024读客文化股份有限公司
经授权，读客文化股份有限公司拥有本书中文（简体）版权
图字：01-2024-3332号

课长，这不是恋爱，这就是性骚扰！

作　　者：	［日］牟田和惠
译　　者：	曾玉婷
责任编辑：	王　莹
特约编辑：	金楚楚　夏文彦
封面设计：	梁剑清
插画设计：	梁剑清
出版发行：	北京日报出版社
地　　址：	北京市东城区东单三条8-16号东方广场东配楼四层
邮　　编：	100005
电　　话：	发行部：（010）65255876
	总编室：（010）65252135
印　　刷：	三河市龙大印装有限公司
经　　销：	各地新华书店
版　　次：	2024年9月第1版
	2024年9月第1次印刷
开　　本：	787毫米×1092毫米　1/32
印　　张：	6
字　　数：	111千字
定　　价：	39.90元

版权所有，侵权必究，未经许可，不得转载
凡印刷、装订错误，可调换，联系电话：010-87681002

生存在现代职场中的我们不能停止判断、放弃思考,不能一味地以无知为借口来塞责。否则,个人很可能会在无意识中成为性骚扰者,企业管理者也会在无意间成为问题恶化的帮凶。

——牟田和惠

目 录

前　言　何谓性骚扰？ / 001

第一章　错误百出的性骚扰"常识" / 009

　　在《均等法》相关咨询中，关于性骚扰的占半数 / 011

　　性骚扰的工伤认定 / 012

　　性骚扰的行为清单 / 013

　　摘要式的性骚扰报道 / 015

　　钝感不是性骚扰的免责通行证 / 017

　　再钝感也是性骚扰 / 019

　　性骚扰是"罗生门" / 026

　　不要相信"性骚扰是由受害者说了算" / 028

本章警言　男性无法觉察自身行为的理由1 / 031

第二章　性骚扰中广袤的灰色地带　/ 033

广义性骚扰与狭义性骚扰　/ 035

变化多端的灰色地带　/ 037

雪崩式失控　/ 040

原来自己并不懂：最初觉得 OK，不代表永远都 OK　/ 042

本章警言　男性无法觉察自身行为的理由 2　/ 046

第三章　当恋爱变成性骚扰——
　　　　心动的瞬间就已经越界　/ 047

这种恋爱和不正当关系都是性骚扰　/ 049

噩梦的开始　/ 051

为何这就是性骚扰？　/ 054

恋爱型性骚扰的两大模式——臆想型与现实型　/ 055

男性的恋爱臆想　/ 057

寂寞大叔的错觉　/ 059

手机引发的错觉　/ 061

我是认真的！ / 064

肉食系中老年 / 066

本章警言　男性无法觉察自身行为的理由3 / 068

第四章　女性为何无法明确说"No"？
男性为何无法发现女性的"No"？ / 069

女性为何无法明确说"No"？ / 071

装出愉悦的样子 / 073

拒绝"按摩"骚扰的困难之处 / 076

不想接收性暗示 / 078

希望体面收场 / 080

深入骨髓的服务精神——女性的字典里没有"No" / 082

男性天生对女性的"No"有钝感？ / 086

没发现自己在强迫他人 / 088

最初的敬意 / 091

本章警言　男性无法觉察自身行为的理由4 / 096

第五章　恋爱与性骚扰既远又近 / 097

　　从恋爱变成性骚扰 / 099

　　周遭人眼中的情侣 / 100

　　恋爱过程 / 103

　　出局 / 105

　　成人的平等恋爱就没事？ / 107

　　权力与恋爱 / 108

　　职场恋爱的三条铁则 / 111

本章警言　男性无法觉察自身行为的理由5 / 113

第六章　办公室性骚扰层出不穷 / 115

　　无处安放的视线 / 118

　　"电梯式注目礼" / 119

　　当玩笑变成性骚扰 / 120

　　为何夸奖也会成为性骚扰？ / 122

　　女人泡的茶真好喝 / 124

女下属怀孕——检测性骚扰程度的试纸 / 125

怀孕消息何时告知何人 / 127

被摸孕肚 / 129

本章警言　男性无法觉察自身行为的理由6 / 130

第七章　写给各位旁观者以及负责人 / 131

常见的反应——袒护性骚扰者的男人们 / 133

歪曲事实的"宽容" / 136

周遭人的责任——不施加二次伤害 / 138

她来求助，该怎么办？ / 139

性骚扰话题的棘手之处 / 141

连上司也难辞其咎 / 142

不会是冤案吧？ / 144

本章警言　男性无法觉察自身行为的理由7 / 147

**最终章　避免被指控性骚扰——
　　　　假如被指控了，该怎么办？** / 149

　　该不该承认？该不该道歉？　/ 151

　　敷衍的道歉会适得其反　/ 152

　　该不该交往？　/ 154

　　结婚是不是就没事了？　/ 155

　　目前恋爱中，该怎么办？　/ 156

　　支援女方的人生　/ 158

　　当被指控性骚扰时　/ 160

　　性骚扰的伤害还在持续　/ 163

　　理解问题所在　/ 165

　　纠纷不断的性骚扰案件——对抗制诉讼　/ 166

　　选择律师　/ 169

后　记　我的性骚扰二次伤害体验记 / 173

前　言
何谓性骚扰?

"性骚扰"（Sexual Harassment）是什么意思？

这个在日本20世纪80年代末出现的新词（该词在1989年日本U-CAN新语·流行语大奖中获得热门新词金奖），如今早已家喻户晓。因此，不少男性大体具备一些常识，知道追问女性三围、是否已婚等个人隐私，以及强行碰触他人身体或者强吻等行为都是性骚扰。那为何还会有这么多男性因性骚扰而被指控、举报呢？如此想来，估计鲜少有人可以明确说出"性骚扰"是什么、哪些行为属于性骚扰。

日本最早要求企业采取防范性骚扰措施的法律，是1999年实施的《男女雇用机会均等法》修订案（全称是《关于保障男女平等获得就业机会及相应待遇的法律》，下文简称为《均等法》）。其中第二十一条明确了性骚扰的定义：在职场中，女性劳动者因应对与性有关的言行而接受不利的劳动条件，以及与性有关的言行导致女性劳动者的就业环境遭到破坏（2007年再次修订时，性骚扰的受害对象扩大至男性劳动者）。

根据上述定义，我们可以知道在职场中实施性骚扰是有问题的。可是这里的措辞过于抽象，令人不好理解。

《广辞苑》[1]（第六版）对"性骚扰"的解释如下：

> 与性有关的侵犯他人人格权的行为。在职场、学校等场所违背对方意愿说出或做出带有性暗示的言语或动作，使对方（尤其是女性）感觉不快、痛苦，侵犯他人人格尊严。
>
> 涉及性的骚扰。

这个解释比《均等法》更进一步地强调了性骚扰性质非常恶劣，不可饶恕；然而却同样语焉不详，并未指出哪些具体行为才算是性骚扰。

---

[1] 由日本岩波书店出版的日文辞典，目前已发行到第七版。——编者注（若无特殊说明，本书注释均为译者注）

综上所述，我们能够理解性骚扰并不只是轻微的下流行为，而是侵犯他人人权的严重罪行。不过，这反而会使人们误以为，只有性质恶劣、不可饶恕的侵犯人权行为才是性骚扰。这是否与普通男性（也包括女性）的所感所知不同呢？

"我没觉得我做了什么坏事啊，为什么说我性骚扰？"

"我觉得这或许是性骚扰吧，不过也没夸张到侵犯了人格尊严呀……"

"她明明是对我有意思才和我交往的，事后却告我性骚扰。这怎么就变成性骚扰了呢？"

这些疑惑都指向同一个问题：一些常见的举止或现象，究竟算不算性骚扰？要解答这个问题，无论是《均等法》中的定义还是《广辞苑》中的解释，都显得很无力。

对于当事人和职场的上司、管理者而言，也难以界定某些行为是否属于性骚扰。实际上，职场中发生的大部分问题往往非常微妙。在正常的工作环境中，不会出现一些明目张胆的强迫性要求或者有伤尊严的言谈举止（但愿如此）。

难道《均等法》和《广辞苑》仅针对特殊的性骚扰？又或者是特别着眼于普通职场内、具备一定常识的人群中不可能发生的情况？

且慢。这种思路绝对会将我们的思考引入歧途。

因为《广辞苑》的解释并没有错，只不过现实中的性骚扰会以更加多样的形式出现。更重要的是，人们面对性骚扰行为时，立场决定了观点（这种"罗生门"情况在第一章中会详述）。即便某个行为损害了当事人的尊严，落在旁人眼里却貌似并非如此，连实施性骚扰的一方也毫无察觉，这类情况在现实中并不少见。

在"性骚扰"这个词出现之前，日本第一起将性骚扰（当时广泛使用的提法还是"涉及性的骚扰"）视为人权侵犯的案件是福冈性骚扰诉讼案（1989年，原告于1992年胜诉），当时我与这起案件有过深入的交集。不仅如此，作为一名研究者以及女性主义运动的活动家，在研究与实践两方面，我接触、调查了大量性骚扰案例。我曾以专家的身份为不少庭审写过意见书，也当过法院的智囊团成员。身为调查员，我在调查性骚扰诉讼的案情真伪上可谓经验丰富，还曾经调查过性骚扰者因不服公司或大学的处理结果，进而提起对抗制诉讼的情况。

过往诸多经验让我明白，实际上明知故犯的性骚扰者，即"确信犯"（该词本义是基于信念而犯下罪行的罪犯）非常罕见，很多人以为对方是自愿交往、对方没表现出不悦、自己完全没有恶意等（事先声明，我并没有包庇他们，认为他们情有可原）。任何一种性骚扰，在事态发展过程中都会呈现出多样的面貌。周围的人会认为那是恋爱关系，甚至会夸奖性骚扰者是个热心指导的上司或老师。而且实施性骚扰的男性也并不都是看起来蛮不讲理的恶俗之人，甚至大多数还是重视家庭的正常人。因此，双方当事人在事件中的感受与理解，都会随着时机与时期发生改变。

即便如此，如果我们仅仅单纯地把性骚扰当成"对方不情愿却仍对其实施的不当行为"，那么就无法看清性骚扰的实际面貌。

生存在现代职场中的我们不能停止判断、放弃思考，不能一味地以无知为借口来塞责。否则，个人很可能会在无意识中成为性骚扰者，企业管理者也会在无意间成为问题恶化的帮凶。

因此，本书与一般的性骚扰问题科普书籍或防范手册不同，更侧重于详细解析从外在难以窥探到的性骚扰内情，令读者更加深入地理解性骚扰问题。现实中发生的性骚扰与政府、企业和大学发放的性骚扰防范手册中的事例大为不同。本书会告诉读者何为真实的性骚扰，以及问题发生后的应对办法。

而且本书将关注的焦点聚集在大众的疑惑上：为何男

性没有意识到自己的行为就是或者会被认为是性骚扰？为何他们被指控后给出的理由让人难以理解？换言之，就是这些男性为何看不见"现实"？为何他们坚持认为自己为人清白却莫名地卷入性骚扰事件？而且，他们越是主张无辜，事态就越是恶化……如何才能避免落入这样的境况之中？

性骚扰也分很多类别：有些男性认定的自愿交往却被女方视为性骚扰；有些男性在还未确定恋爱关系时误解了女方的意思，从而做出性骚扰行为；还有一些男性无意间的言谈举止引发了性骚扰纠纷。这些围绕性骚扰的误解以及摩擦在本书中都会得到详细解析。同时，我会从男性非本意引发的性骚扰的背景与机制入手，剖析男性对自身行为毫无察觉的原因，为预防性骚扰建言献策。

本书对认为性骚扰远在天边的读者也多有裨益。性骚扰可以无处不在，它存在于同事或上下级之间，客户与职员之间，正式员工与派遣工、合同工[1]之间。而且上司以

---

[1] 日本企业采用正式雇佣和非正式雇佣两种形式。正式员工通常是终身雇佣制，并享有公司完备的保险、奖金、假期等福利。非正式员工指以合同工、派遣工、临时工、小时工等雇佣形态工作的人，通常无法享受公司福利。合同工指与公司签订有固定期限的劳动合同的员工；派遣工指与人才派遣公司签订合同、被派遣到企业工作的员工。——编者注

及周遭人表现出不理解的反应和行为往往会将性骚扰升级为严重的"案件"。当我们以上司、同事或朋友的身份去解决问题时,可以做的事情其实很多。将问题控制在最小范围内,将伤害程度降到最低,这对企业经营与人事管理,以及打造良好的职场环境都至关重要。无论双方当事人是不是恋爱关系,性骚扰事件总是伴随着深深的误解与莫名的坚定,因此事态往往纷繁错杂。面对职场性骚扰问题,我希望大家不要再做无用功,应该采取有实效的应对措施。

本书出现的事例,除非特别说明,全部来自审判案件和劳动争议案件,以及实际发生的事件(为保护当事人隐私,细节有所改动)。在大家的印象中,好像公务员犯事的特别多,这是因为对公职人员的惩戒和处分在原则上都会对外公开;而民营企业的性骚扰事件除非是受害者起诉或举报到公共机构,否则所有处理都在内部进行,信息很难外泄。但是,这并不意味着民营企业内部不容易发生性骚扰。事实上,公务员享有特殊的职务保护制度,而非公人员没有这种保护制度,往往会受到更加严厉的处罚。

此外,性骚扰也并不局限于男性施加于女性,也有女性施加于男性,甚至还会发生在同性之间,无论双方关系是否涉及性要素。上文中我已经明确了写作目的,因此本书以男性对女性的典型模式为主,但也不否认其他模式的存在。

　　过去有首歌曲描述男女之间"隔着一道万丈鸿沟",而男女在性骚扰问题上所表现出的思维方式,也同样存在巨大差异。我希望能借由本书成为这道鸿沟的摆渡人,让大家远离职场性骚扰纠纷,也避免失足跌入性骚扰的泥潭。

第一章

错误百出的性骚扰"常识"

课长，这不是恋爱，这就是性骚扰！

在《均等法》相关咨询中，关于性骚扰的占半数

> "性骚扰"这个词时有耳闻，可身边却好像从来没有发生过。像我们这样死气沉沉的单位里不可能出现性骚扰吧？更别提我了，性骚扰绝缘体。

社会上有太多男性抱有上述的想法，那么让我们先来看看实际情况吧。

其实职场性骚扰的数量远超大家的想象。2009年至2011年，日本都道府县劳动局雇用均等室（以下简称为"雇用均等室"）每年会收到2.3万条左右的咨询信息，其中过半数（1.2万条）都与职场性骚扰有关。

此外，日本都道府县劳动局局长于2011年受理的调解

纠纷申请约有600件，其中336件与性骚扰相关，也过了半数。机会均等调停会议受理的调停申请中，约70%是职场性骚扰。（以上数据均出自厚生劳动省都道府县劳动局雇用均等室出版的手册《各位老板，防范职场性骚扰是你们的义务！》）

雇用均等室的咨询窗口还收到一些耐人寻味的信息："公司虽然有咨询与投诉窗口，但是都形同虚设，让人无法开口。""我们公司的氛围很不适合咨询这类情况。"

换言之，在公司没听说过性骚扰，或者没人来咨询窗口举报，并不意味着公司内部的性骚扰事件数量为零。事实正相反，正因为当事人难以开口，问题更容易在暗处恶化。所以大家不要再认为"我们公司绝对没有性骚扰""性骚扰跟我没有关系"。

性骚扰的工伤认定

最近职场性骚扰开始被认定为工伤，典型的案例就是受害者遭受性骚扰后，精神痛苦导致罹患抑郁症，被迫停职并接受治疗。

2011年12月，厚生劳动省采纳了一份《关于精神障碍的工伤事故认定标准的专家委员会报告》，针对性骚扰造成的伤害制定了新标准，扩大了根据实际情况可认定为工伤的范围。如此一来，企业就必须比以往更加积极地将性骚扰当作全体劳动者的就业环境问题来应对。

性骚扰的行为清单

说了这么多，究竟何谓性骚扰？企业与员工到底该如何防范性骚扰？这些问题的答案其实并非众所周知。

上自中央政府和地方自治体，下至企业和大学，都面向大众发放了防范性骚扰的教程或指南，但翻看这些手册中的"行为注意事项"，大部分都让人感觉不那么真实。

在雇用均等室发行的手册中，厚生劳动省列出了以下两类性骚扰。

①**与性相关的言论**

打听事实上的性关系，散播性方面的信息（谣言），开带性暗示的玩笑，持续邀请对方外出用餐和约会，谈论个人的性经验，等等。

②与性相关的行为

强迫发生性关系,进行不必要的身体接触,发送或张贴淫秽图片,强制猥亵,强奸,等等。

看完后让人忍不住想吐槽,强制猥亵和强奸是妥妥的犯罪吧!除此之外,"强迫"和"不必要的身体接触"这些表述很容易让人觉得性骚扰者都怀有很恶劣的企图。

然而,哪怕上述这些行为都有事实依据,也仅仅是性骚扰的冰山一角而已。如果性骚扰行为已经到了受处罚或者走法律途径的程度,那么人们确实可以从中判断出"强加个人感情""强迫约会""猥亵""持续骚扰"等元素。可是这些都是结果论。很多案件中的性骚扰者以为自己只是在"积极地追求"对方,没想到会令人不快。

本书第四章会对该话题展开详述,在性骚扰的案件中,很多男性并不认为女方厌恶自己的行为。与其说是因为男性太钝感,不如说是他们中的绝大部分人都不会在意对方的反应。

我在此重申,性骚扰确实会以单纯的强迫和露骨的猥亵形式出现,但更常发生在双方微妙的互动关系中。真实的性骚扰是在更加复杂的事态发展过程中出现的,毕竟把"性骚扰"三个字明晃晃地写在脸上的男性寥寥无几,一接触就直接性骚扰的事件更是罕见。希望大家不要固执地认定各种防范指南中出现的案例就是性骚扰的全貌。

摘要式的性骚扰报道

上文提及的性骚扰实情完全不为人所知,是因为我们一般都是通过报刊或网络的新闻接触到性骚扰案件的,报道中仅会提及某某因性骚扰被处罚,或者被逮捕、起诉。

举一个几年前的案件为例,"大荣福冈事业重建工程的承包商"因性骚扰被捕,作为公众人物,他的案件被媒体大肆报道。

> 因强行搂抱两名女职员,运营大荣鹰大本营福冈巨蛋的"海鹰城"(Hawks Town,福冈市中央区)前社长高冢猛因涉嫌强制猥亵于25日被福冈县警方搜查一课逮捕。上述女职员已经向县警方起诉。此外另有多名员工也在起诉中,因案情性质极其恶劣,警方打算追究高冢的其他罪行。(中略)嫌疑人高冢于平成十四年(2002年)7月在福冈市内的公司事务所中搂抱正在汇报业务的女职员。

今年4月在福冈市内的酒店会议室中,有员工在布置会场中途被高冢搂肩,疑似被猥亵。面对警方调查,高冢承认自己做出猥琐的行为,却否认"强迫"。对此,一名受害者说:"他是社长,我怕遭受人事上的报复,所以不敢吱声。"据知情人透露,高冢担任海鹰城前身的福冈巨蛋公司社长(平成十一年,即1999年)后开始实施性骚扰。"他会强迫女职员和自己舌吻,还摸对方的胸部和大腿。在公司团建旅行的时候钻入女员工的被窝,还将女性隐私部位设置为手机屏保,喜滋滋地与其他员工分享。"(中略)高冢辩解:"我以为拥抱和亲吻脸颊是良好的沟通方式。"但是警方以多方控诉为由,断定高冢是性质恶劣的惯犯,对其实施抓捕。

《富士晚报》
2004年10月26日

看了上述报道,大家确实会认为性骚扰就是这么赤裸裸的恶行,性骚扰者就是不可饶恕的恶棍。在这起案件中,被告因强制猥亵罪被刑事追诉,理由是"犯下扰乱社会秩序的重大罪行",判刑三年,缓期五年执行(2005年10月6日福冈地方法院)。假如社会公认要达到这种程度才算性骚扰，那么就不难理解为何有些男性被举报后会火冒三丈，因为他们觉得"自己才不是会性骚扰女人的坏人"。

可是，性骚扰以这种形式被媒体报道，或者在法院判决中被陈述，就变成了简化的摘要文字。这就导致性骚扰在事后会被描述成简化版，但在现实中会呈现出多样的面貌。即便是重大的侵犯人权行为，从不同的角度解读，或许看起来也像普通职场中无关紧要的小事。今后我还会持续关注媒体的报道形式，厚生劳动省最近也特别对此进行了强调。

钝感不是性骚扰的免责通行证

在上文提及的厚生劳动省放宽性骚扰工伤认定标准的新标准通告中，有如下两条"注意事项"：

> ①性骚扰受害者（以下简称为"受害者"）由于希望能继续工作，或者将性骚扰实施者（以下简称为"施害者"）施加的伤害降至最低，不得已发送了迎合施害者的信息或接受了施害者的邀请，这些事实不可成为否认性骚扰存在的理由。

②有些受害者在被骚扰后未能立即寻求外界帮助，这个事实不能简单地作为断定受害者心理负担小的依据。

《心理负担导致的精神障碍认定标准》

2011年12月26日

简而言之，一位女性即便展露微笑或者没有显露愁容，也有可能正在遭受性骚扰。厚生劳动省在通告中也要求企业认识到性骚扰的实质会与其外在表现不符。

恐怕多数的男性会疑惑（没经历过性骚扰的女性也会如此）：对方没有不悦，对方答应赴约，也都属于性骚扰？如何才能意识到那是性骚扰呢？其实大部分情况下，真实的性骚扰确实如此。很多女性因为害怕对方报复不敢拒绝，反而会采取迎合的态度，甚至有时会根据情况随机应变，即便最初是你情我愿的恋爱关系，也可能在不久后转变成性骚扰。可是很多性骚扰者并未留意这些细节，导致后续事态恶化。

本书会对女性的上述心理活动以及行动模式进行细致说明，告知大家如何练就一双慧眼。不过我事先强调，钝感并非性骚扰的免责通行证，不能因为没留意、不知道就可以逃避责任。

再钝感也是性骚扰

我给大家看一个案例。

小 A 的回忆

我们单位新来了一个兼职员工小 B，感觉很乖巧，是我喜欢的类型。她不是正式员工，就在这儿待一年，所以我也没啥后顾之忧，怎么才能追到她呢？她平时也经常找我请教问题，我感觉我们挺亲近的。

在月底举行的迎新会上，我们两个挨着坐，聊得热火朝天，十分尽兴。她没拒绝我的劝酒，有时还与我有肢体接触，我心想：哇，她可真主动啊！散场后我送她回去，她还特意往一个僻静的公园走，我觉得时机到了，就吻了她，结果她看起来非常吃惊。我当时想，她这么年轻的女孩子是应该矜持，如果太有激情的话，我也会觉得有负担。为了验证这一点，隔周我邀请她出去喝酒，她立刻答应了。这次与迎新会不同，只有我们两人，她既然答应，就说明对我也是有好感的。我们在居酒屋也相谈甚欢，于是我准备带她去酒店开房，就又吻了她，可是她依然十分抗拒。唉，算了，反正还有机会。

然而，小B在回忆时的叙述却完全不是这么一回事。

小B的回忆（一）

这份工作是我好不容易才找到的。虽然只是兼职，但是在机关工作，保险和养老金也都有。合同只签一年，不过不排除有续约的可能。我要努力，争取长期留在这里。

唯一让我不安的，是小A。他老盯着我看，态度也显得很亲密。他是指导我工作的负责人，工位就在我旁边，我必须服从他的指示，因此我一直小心翼翼，尽量不惹他生气。

迎新会那天，小A给我安排的工作让我做到很晚才下班。我到会场的时候，就只剩他身边的位置了。或许这就是他给我布置工作的真实目的吧。我其实不太爱喝酒，可是他频频给我倒酒，我就喝醉了。其间他还一会儿摸我胳膊，一会儿碰我肩膀，这种频繁的肢体接触也让我很不舒服。

散场时，他说跟我同一个方向，要送我回去。我明确拒绝了，可他还是坚持要送。我们横穿过一个公园，因为这是最快的捷径，可没想到完蛋了，我简直不敢相信，他居然在公园里亲了我！更讨厌的是他还亲了两次！我又没办法推开他，整个人都呆住了。一想到下周上班还会看到他，我就忍不住恶心，可是我好不容易才找到这份工作……

接下来发生的事情更令人难以置信。周一一上班，小A就来约我下班后去喝酒。我上周都抗拒得那么明显了，他还来约我是什么意思？打算为他的强吻向我道歉吗？总之，我必须借此机会向他说清楚，不要再对我动手动脚了。

可是，当我们在居酒屋时，他聊了一些工作前景、合同续约等话题，这也确实是我向往的未来，导致我都不好意思向他提出别再乱来的要求。可万万没想到他又再次亲了过来！我好痛苦，接下来在单位还得和他抬头不见低头见……这份工作虽然来之不易，但我也不能轻易原谅他！

大家看完后有何感想？

小A、小B的回忆内容是我根据真实案情改编的：2007年发生了一起国家公务员因性骚扰被处罚的案件。针对小B的性骚扰控诉，所在单位在调查后做出如下的事实陈述：

> 小A在单位迎新会后，与同一工作组的新员工小B一同回去，途中在无人的公园里抱住小B亲吻。过程中小A至少强吻了很不情愿的小B两次。另外两人在居酒屋吃饭时，小A再次强吻对方。

小A因此要承担减薪（扣10%，执行三个月）的处罚。可是他本人却坚决不接受这个处罚。他承认了接吻的事实，但并不认为自己违背了他人的意愿，因为小B并没有拒绝。于是他以无性骚扰行为为由，向人事院[1]提起诉讼，要求撤销处罚。

人事院对此的意见是："小B刚进入工作组不久，在

---

1 日本内阁特设的中央人事行政机关，成立于1948年，下设事务总局、国家公务员伦理审查委员会，以及法律顾问和人事院总裁秘书官。

与小A并不熟的前提下却能接受小A的亲密举动，这种行为逻辑是不合理的。"因此，人事院驳回了小A的诉讼请求，维持原处罚。

虽然单位与人事院的判断是妥当的，但是小A认为"对方并不反感"，站在他的角度来看，他也并非完全在狡辩。从小A的回忆中也能看出，他的叙述并没有特别脱离事实。在小A看来，他与小B在迎新会上情投意合，当时气氛很好，于是在归途中两人就接吻了。当他事后再约小B时，对方也同意了，说明对方对自己是有好感的。如果小B反感的话，就不应该答应赴约。她表现出抗拒的样子，一定是要展现欲拒还迎的女性魅力……小A有如此想法其实也不是不可能，因为他觉得这只是小B突然中途变心了，自己的所作所为根本不算性骚扰。

沉浸在自己想法中的小A完全无法接受判决中的性骚扰事实判定，同时也对小B的说辞感到无比震惊。同样，小B也认为小A的解读方式完全没有说服力，而且，这次职场事实认定是小A多次强吻不情愿的小B，其实这一认定与小B经历的事实甚至可能也有出入。

unwelcome（不情愿）即是性骚扰，voluntary（主动）与否不重要

这两人的相处情节虽然是我改编的，但是不排除上述我提及的可能性。下面是另一段小B的回忆。

小B的回忆（二）

迎新会那天，小A给我安排的工作让我做到很晚才下班，到会场的时候，我就坐到小A的旁边。他只要劝酒我就喝，结果喝醉了，连走路都有点踉跄。

散场时，小A提议俩人同一个方向，可以送我回去。我拒绝了，但是没成功。我们横穿过一个公园，因为这是最快的捷径，但是后续发生了不好的事情：我被他亲了。如果我反抗的话，恐怕工作不保，只好咬牙硬忍下来。一想到下周上班还会看到他，心情就好沉重，不过我好不容易才找到这份工作，说什么也不能丢了。

周一一上班，小A就来约我下班后去喝酒。难道是因为我们接吻了，他就以为我对他有好感？我希望他能明白这只是个误会，不过我能说得清楚吗？

在居酒屋时，他也聊了一些合同续约的话题，拒绝接吻的事情我就更难说出口了。结果他又亲了我。我只好闭上眼睛，希望这一切能快点结束。我不想失去工作，我该怎么办呢？

这种情况下的小B，从表面上看不出她的反感。虽然她内心或许十分焦虑，想着"怎么办？好苦恼！我不想这样的！"，可是小A从小B的表现中获得的信息却是"她完全没有抗拒的意思"。回忆（二）中的小B怕惹小A生气影响到自己的工作，虽然内心十分不情愿，却隐藏了自己的真实想法，半推半就地和他接吻了。如果当时公园里有个目击的路人，恐怕会觉得他们两人就是热恋中的情侣，完全没有争执的样子。

那么小A的行为为何成了性骚扰？强迫对方才是性骚扰吧？这其实正是性骚扰常识中的误区。对方反感，于是性骚扰行为就自然成立；但即便对方没表现出反感，只因在职场中考虑到工作才不得不做出违心的反应，这也是性骚扰。

用英语来表达的话，unwelcome（不情愿）即是性骚扰，voluntary（主动）与否不重要。虽然没被强迫，但一旦拒绝，后果会很严重，于是便决定承受，这就是"主动"。然而，利用职务之便，违背对方意愿实施与性有关的行为，就是性骚扰。

我再次强调，小 B 的回忆（二）依然是我的改编。真实情况恐怕是第一段回忆，但是现实中也可能发生回忆（二）中的情况。在该案例中，女方的外在表现与内心想法完全不同，尽管从外表看不出不情愿，实际上却出人意料地遭受着极其痛苦的性骚扰。可是事件中的男方却完全觉察不出来。

性骚扰是"罗生门"

关于性骚扰行为，当事人各有各的看法。

黑泽明导演有部电影叫《罗生门》，改编自芥川龙之介的短篇小说《竹林中》。

在日本平安时代，京都一座荒凉的山上，一具武士的尸体被人发现了。于是捕头、检非违使[1]开始调查谁是凶手。物证只有散落在现场的一顶市女笠、一顶被踩扁的武士软乌帽、一段被切断的绳子、一个护身袋。武士之妻、盗贼、召唤武士亡灵的巫女一一出面作证，可是每人都各

---

[1] 日本平安初期掌管京城治安和司法的官职，权力极大。

执一词，真相不得而知。

整个故事随着一个个目击证人的出场而展开，却没有可以确定真相的证据。同一个事件，在不同当事人眼中有不同的呈现。即便没有人在撒谎，人们也会因利益关系、经历、性格等原因下意识地讲出截然不同的故事。

从这层意义上讲，性骚扰也是如此，当事人只会看到有利于自己的情节。因此，主张自己没有性骚扰的男性未必就是在撒谎。

有一起案件，其严重程度超过性骚扰，被告已经触犯刑法。一个曾获奥运会金牌的柔道运动员因灌醉并性侵自己的学员，被判准强奸罪（2013年2月1日东京地方法院。2013年5月不服判决上诉中）。被告在庭审中始终否认罪行，主张这是双方同意的性行为，他在判决前的最后意见陈述中也"坚信自己无罪"。判决书中认为"被告供述完全不可信""被告作为指导教练却无视受害者的情绪，行为十分恶劣"。被告在宣判后立刻当庭宣布要上诉。这起案件被媒体广泛报道，出现了很多批评他嚣张态度的声音。可他坚信自己"无罪"，"双方自愿发生性行为"，从他的视角来看，或许这就是"事实"。他的这番言论，与其说他在为脱罪而辩解，更像是他在以自身的逻辑回忆那一夜发生的事情。

柔道运动员的性侵案暂放一旁，上文中邀约下属小B、坚信对方也对自己有好感的公务员小A恐怕具备一种异于常人的钝感力，虽然我的这种说法会伤害到小B。然而，这种钝感力对现代人而言是致命的。小A在很利己地把小B的第二次赴约作为她不反感的证据之前，应该要先思考下，小B作为新入职且还是兼职工作的下属，她敢拒绝吗？

如果不想变成性骚扰者，就不应该固执地认定所见即真相，而应该尽量站在对方的角度去看待事情。企业管理者及相关人员也应该从多方的角度，尤其是下属的角度去全面思考问题，进而做出判断。

不要相信"性骚扰是由受害者说了算"

有些男性估计会在心里琢磨：我或许没有小A那么厚颜无耻，也不会像他那么钝感，但自己一不当心就陷入性骚扰泥潭中的可能性也不是没有吧。这些男性最恐惧的就是一个常见的性骚扰"常识"——"性骚扰由受害者说了算"。即便男方对女方毫无恶意，但是女方只要感觉不悦，一言不合就能给他扣上性骚扰的罪名。

这里就涉及一项处理性骚扰问题的重要原则。我们先来假设一下，当你被别人踩了一脚时，肯定感到很痛，可是踩你脚的那人却内心毫无波澜："踩到脚而已，有什么好介意的。"假如那人还这样无所谓地继续踩，被踩的你肯定会受不了。尤其在与性相关的事情上，男女在感受度与接纳度上有一定差别。如果只以男性的标准来判断或决定的话，女性必然难以接受。

但是，也并非在任何情况下，只要行为承受方感觉不快就一定是性骚扰。这是关于性骚扰的另一个常见误区。性骚扰是否成立，并不只取决于行为承受方是否感觉不快。一些女性（也包括男性）由于自身处境和生长环境，对性尤为敏感，对于那些即便是在社会公允范围内的行为，也会感觉不快或者痛苦。所以上文"在《均等法》相关咨询中，关于性骚扰的占半数"一节里提及的厚生劳动省指南中有如下提醒：

> 要重视劳动者的主观感受，但考虑到企业主负有防止性骚扰出现的义务，因此需要一定的客观性。
>
> 当性骚扰受害者是女性时，应当以"女性劳动者的普遍感受"为标准；倘若受害者是男性，

则应以"男性劳动者的普遍感受"为标准。

因此,大家不用担心在毫无客观性的情况下,仅仅因为对方怪异的理解方式就被卷入性骚扰事件中。可是,也不能因为对方极其敏感,就将对方的反应视若无睹,继续有所行动。即便不是性骚扰,不做令他人不悦的事情也是一种必要的社会礼仪,更是职场中的行为守则。

企业管理者和学校教师需要特别注意职场环境和学习环境。假如一味用"异常""想太多"等字眼否定他人的感受,那么事态很有可能就会演变为性骚扰。

本章警言

男性无法觉察自身行为的理由1

> **性骚扰是"罗生门"。当事人各有各的看法。**

你最近跟另一半吵架了吗？回忆一下，是不是你的妻子怒气冲天，可你却毫无头绪？这也是由于夫妻双方看待问题的"视角"不同。不要再片面地将缘由归结为"女人总是为鸡毛蒜皮的小事发火""女人就是不可理喻"，为何不尝试着换位思考，妻子眼中的事情究竟是什么样？这就是防范性骚扰的第一步。

课长，这不是恋爱，这就是性骚扰！

第二章

性骚扰中广袤的灰色地带

广义性骚扰与狭义性骚扰

大众时常会烦恼于搞不清性骚扰的定义，不知如何界定性骚扰行为。人们往往会以一种非黑即白的二元视角来看待性骚扰事件：当事人要么是证据确凿的有罪，要么是毫无争议的无罪。然而，这种观念很不现实，因为真实的性骚扰行为中存在着一个广袤的灰色地带。

在日语中，"性骚扰"一词本身的使用范围就极广，大致可分为广义与狭义两类，即日常用语与法律用语。打个比方，这两者就好比黄牌和红牌。广义与狭义之间有重叠之处，但两者仍然差异巨大。

在狭义性骚扰中，一旦某个行为符合性骚扰的定义，就会被"正式认定"为性骚扰。受害者会去举报或者起诉，相关机构经过调查后，如果认定"骚扰属实"，便会采取相应的处罚措施。这就类似于红牌罚下。其中强制猥亵等罪行，以及强迫意味明显的"黑色地带"的性骚扰更是侵犯人权的行为。

反之，日常用语的"性骚扰"则属于广义的。当女性被追问是否已婚，被烦人的上司要求在卡拉 OK 双人合唱的时候，她心里很不舒服，不想配合，就可以先发制人地说："这可是性骚扰哟！"因为女性直接当面说出"我才不要""请你别这样"的话语会显得语气过于生硬，所以就蜻蜓点水般地来一句："您这是性骚扰吧？"这便是黄牌警告（在足球赛上两次黄牌警告等同于一次红牌罚下，因此黄牌比红牌程度轻一些），意思是：请你适可而止。

这种带有黄牌警告意味的用词法委实方便。"性骚扰"一词在1989年甫一出现，就瞬间火爆日本的大街小巷，这种惊人的流行速度正是由于它便于使用。当你无法直接表达"我不要"时，就可以使用这个词，半真半假地警告对方及时住手，方便又有效。无论对方原先怀揣何种意图，这种带玩笑性质的小小警告使用起来都很得心应手。

此处的"性骚扰""骚扰"与侵犯人权、必须严厉惩处的狭义性骚扰有所不同。广义性骚扰中也会包含接近"黑色地带"的骚扰，但更多的是处于灰色地带，或者更接近白色的浅灰地带（即便是被认定为"强迫"的行为，在当事人看来其实模棱两可，本书第四章会详述）的性骚扰。

性骚扰之所以让人头疼，是因为除了立场的差异会导致人们的观点截然不同之外，更在于这片灰色地带如此辽阔，甚至连所谓的"灰色"都有深浅之分。

变化多端的灰色地带

处在灰色地带的性骚扰事件既可能变"黑"，也可能变"白"，关键看事后如何处理。假如处理不当，一件"稍有不妥但无伤大雅"的小事就会摇身一变，成为"货真价实"的性骚扰。

2011年年初日本发生了一起轰动一时的事件，一位知名政治家公开发表性骚扰言论。他在席间喝得酒酣耳热之时，语出惊人，对一位女记者说了"别看我老了，但下面还是很坚挺的"等各种污言秽语。不仅是他的这番言论，连他作势要摸女记者胸部的丑态也被尽数报道。

按照上文的定义，这个性骚扰行为属于黄牌（此处恐怕会有人反对，因为政治家本应具备更高的道德水准，定性为黄牌太轻了）。

事件中的女记者在听到政治家这番话时，内心的厌恶感可想而知，那么这起性骚扰就应该定性为红牌，女记者应该起诉他，要求他谢罪并赔偿精神损失。可实际情况并非如大家所想。

如果这位政治家经常发表此类言论，使得广大女记者难以开展工作（也不排除这种可能性），自然另当别论，但仅此一次的话，倒不至于大动干戈。

可是这位政治家在事后却来了个迷之操作，他将一家周刊以侵犯名誉权的名义告上法庭，因为这家周刊在报道中称该事件是"官房长官[1]的性骚扰"。2012年6月，东京地方法院判定"这种色情言论在男性看来可能只是玩笑，但的确会引起不少女性的反感，因此将其视为对女记者的性骚扰不无道理"，最终以"做出会被理解为性骚扰的言行"为由驳回政治家的起诉。

这位政治家哪里做错了？他就不应该在人前说这么下流的话，更何况他还是政界人物。不过就一般男性而言，酒后失态有时难以避免，并且也有人喜欢在女下属面前过过嘴瘾，开开黄腔。如果是这种程度，确实属于黄牌性质的性骚扰。不过，一旦隔天早上酒醒了，知道自己醉酒说

---

1 "内阁官房长官"的简称，日本内阁机关的长官，由国务大臣担任。

胡话了，一定要坦诚地向对方道歉：

"昨天我喝多了，好像说了一些不该说的话，如果冒犯到你，请你原谅。我保证这样的事情今后不会再发生了。"

上文的这位政治家如果能在道歉函之外再送上一束花，女记者估计会内心苦笑，面上却大方地表示谅解："您太客气了，我并没有放在心上。"这场风波也就能画上句号，政治家的性骚扰行为也不会升级为"性骚扰案件"。他作为知名的政界公众人物，就算敌对的政党和势力趁机攻击他"身为政治家却道德败坏"，也不会演变成追究他的政治责任。面对媒体报道时，他也应该如此回应："虽说是醉酒后的言行，但仍感到万分抱歉，我已经向该女记者郑重致歉。"

然而，现实中这位政治家却反向操作。他起诉周刊，把性骚扰推脱得一干二净，这么做简直是事与愿违，不仅没有达到他的目的，反而让事件扩大化。他的一系列所作所为不仅在事发当晚冒犯到了女记者，还在事后把她卷入了诉讼纠纷中。如此一来，这位女记者就很难再以记者身份去采访这位政治家了，她身为政治记者的职业生涯也遭受了重创。从这个意义上讲，这就是一起重大的性骚扰案件。

雪崩式失控

类似上文这种本处于灰色地带,却因后续的错误应对变成确凿的严重性骚扰的例子,在现实中数不胜数。

有一个发生在大学的案例,一位男教师带着自己研讨班的学生出去聚餐,接连在两家居酒屋痛饮一番后,又一同去唱卡拉 OK。老师非常兴奋,甚至把包厢门反锁上,把身上的衣服脱得只剩一条贴身内裤。男生们都在高声怂恿老师再来点猛的,女生们则在一旁惊叫连连。这位老师此刻本该适可而止,可他却偏偏把一个女生推倒在沙发上,还顺势骑到她身上。这个女生被吓得魂飞魄散,挣扎着夺门而逃。

这个受到惊吓的女生在第二天情绪非常低落,当时在场的其他女生都非常同情她,觉得此事不能放任不管,于是大家便相约去办公室找老师讨个公道。

"老师,小 C 昨晚真的受到很大的惊吓。"

"我们认为这是性骚扰,请您向小 C 道歉。"

面对你一言我一语的女生们,这位老师如果诚恳道歉,也就大事化小、小事化了了。然而,不知道是不是觉得太丢面子,老师不仅没有道歉,反倒态度强横地攻击这些女生:

"你们一个个都在装什么装？！"

"昨晚你们不都开心得直叫唤吗？"

他甚至还专门针对其中一个女生威胁道："我说你，去年挂科了，对吧？今天还在这里跟我装腔作势，你以为你今年能顺利拿到学分？"

在学生们看来，大家向老师抗议他的性骚扰行为却遭受了打击报复，她们原本只是希望老师道个歉而已。结果事态最终朝另一个方向发展，小C正式向学校举报了老师的性骚扰行为。

校方在得知小C的父母就此事还咨询了律师朋友后，居然叱责小C，责怪她想把事情闹大。校方的反应完全不利于解决问题。而小C被老师从研讨班除名，想上的课程也选不上，最终她将这位男老师和校方告上法庭，理由是自己被性骚扰后还被剥夺了受教育的机会，精神受到沉重的打击，要求被告赔偿精神损失。

法院的判决肯定了原告的诉讼请求，小C胜诉，男老师被判停职一个月。然而，在小C看来，再怎么处罚老师也是于事无补：好不容易考上大学，却因为卷入性骚扰事件不得不换课，期待的求学之路也因此受阻。对她而言，这是无可挽回的巨大伤害，是难以承受的苦果。

在这起案件中，如果老师能诚恳地为自己酒后失态道歉，或者校方勒令老师道歉，都不至于发展到审判和处罚的地步，而且最重要的是，这个女学生就不必承受求学之路变更的痛苦。这就是灰色地带事件"黑化"为案件的典型事例。

当听到女性说"你这是性骚扰吧？""我希望你别性骚扰我"时，男性似乎总会反应过度。他们大概以为一旦自己承认性骚扰，就立刻会被贴上"罪犯"的标签，会受到来自职场和社会的制裁。

除了强制猥亵和强奸这样极少数的恶性行为，承认自己或许做出了性骚扰行为并不会立刻被判有罪。我希望各位男士能以冷静和诚实的心态来看待问题，千万不要因为过度反应、反击而让事态恶化。

原来自己并不懂：最初觉得 OK，不代表永远都 OK

灰色地带的性骚扰还有一个典型特征，就是女性本身并不清楚这究竟算不算性骚扰。

知名社会学家上野千鹤子女士有个专栏叫《人生倾诉》，有位读者曾在此倾诉过自己的烦恼（《朝日新闻》周六版《答疑解惑》，2012年8月18日）。

烦恼的叙述者是一位二十出头的单身女员工，她长期被一位三十几岁的已婚上司纠缠。两人单独相处时，上司经常向她告白，会从身后环抱住她。这位女员工其实知道上司在生活中爱妻护子，在事业上能力非凡，自己对他心存好感。因此她的烦恼是："当他说喜欢我或者抱我时，我的内心平静无感，仿佛在旁观他人的事情。"假如她心里反感，觉得被性骚扰了，那么就应该产生强烈的抗拒感，可她并没有。这位女士因此很担忧自己是不是一个轻浮女子。

面对这位女士的疑惑，上野老师直截了当地告诉她，上司的行为其实是性骚扰。因为她"很害怕失去可靠的上司"，所以部分感觉被压抑了，感知不到遭遇坏事时的厌恶感，这便是问题的根源所在。

上野老师的见解一针见血，我非常同意，在某种意义上，这也是一个灰色地带的案例。像上文这种"自己也不懂"的情绪，并不是因为女性特别欠缺自尊心，而是真的"不懂是否遭遇了性骚扰"。

日本青少年中常见的大问题——"霸凌"也有相似之处。玩笑和捉弄不断升级，就会变成霸凌。然而，霸凌的一方以及周围人，甚至被霸凌的一方，都认为这只是"寻常的大尺度玩笑"。很不幸，只有当事态发展到了自杀、重伤等严重程度时，大家才会发现那并不是什么玩笑，那就是霸凌。

这里隐藏着复杂且微妙的心理活动。上文这位苦恼的女士其实"在不知不觉中对上司产生了尊敬之外的感情，当自己被告白时，内心是欢喜的"。在公司众多女同事中，这位能干的上司眼里却只有自己，怎能不开心？她会产生这样的情绪也无可厚非。

所以，如今我们从上帝视角来看这个案例，当然知道这是性骚扰，可是当局者迷，当事人未必会这么想，这就是灰色地带。不过，这种灰色地带很可能会发生突变。或许上司的行为在日后逐步升级，意图逐渐明晰，直至突破女方"不懂"的界限；或许这位女士对上司的美好幻想在某天突然破灭了（常见原因之一是她得知上司也对其他女同事做了相同的事情），此时这位女士恐怕会恍然大悟，原来自己长期以来一直被上司性骚扰。于是她会在公司内部举报，如果公司存在诸多不便，她也会去雇用均等室等公共机构寻求帮助。此时原形毕露的上司恐怕会为自己辩解："我并不觉得她很反感我的行为，如果是的话，为什么她不一开始就直接告诉我？"不过，此时已经多说无益。

由此可知，当事人双方虽然关系不变，对性骚扰的感受却会随时间改变。最初不觉得有何不妥的行为，随着时间与双方关系的变化，会转变为令人难以忍受的性骚扰。最初觉得OK，不代表永远都OK。假如男性发现自己的某个行为处于灰色地带，那么在事态"黑化"之前，应该立即改变行为，转移到安全地带，这才是处理灰色地带事件的正确办法。

本章警言

男性无法觉察自身行为的理由 2

> 大部分性骚扰都处于灰色地带。并非只有处于"黑色地带"的行为才是性骚扰。

⬇

请各位男士对黄牌提高敏感度,并且坦然面对黄牌,承认自己的性骚扰行为并不意味着立刻成为罪犯。请你们诚恳地向对方道歉,并承诺永不再犯。

课长,这不是恋爱,这就是性骚扰!

第三章

当恋爱变成性骚扰——
心动的瞬间就已经越界

这种恋爱和不正当关系都是性骚扰

我在前几章已经展示了若干性骚扰案例,本章的重点是恋爱型性骚扰。男性以为是在谈恋爱(也包括不正当关系),却被女方举报为性骚扰,这种反转对于男性而言很难理解。

实际上,我们在检视包含全部性关系形式的性骚扰时会发现,不少案例中被指控性骚扰的男性都说自己和女方是自由恋爱,两人的关系是双方都同意的。

一个男性无论是已婚还是单身,都有可能与女同事、自己的女学生发展成恋爱关系。这类性骚扰案例我见过很多。在我个人看来,职场中有头有脸的大人物本身就需要谨言慎行,而那些普通职员如果与同一职场的女性派遣工、合同工、临时工保持着某种"成年人的关系",则更需要提高警惕了。即便不是性关系或者恋爱关系,如果男性总想用荤段子取悦女同事,无异于引火焚身。这种关系和言行很可能会在事后被女方举报或控诉为性骚扰。事态一旦发展到这个地步,男方在职场中的评价会一落千丈,甚至会被严惩,最终被迫离职。如果是已婚人士,他与妻儿的关系也必然走向破裂。

案例中的男性会以"事实并非如此"来为自己辩护,例如我们是你情我愿,对方先来主动接近我,对方在这过程中也很享受,等等。然而女方讲述的事实与男方的记忆却截然不同。正如第一章中所提及的电影《罗生门》一样,每个人都从自己的体验视角来讲述同一件事,真相不得而知。最终的判决自然要依据案情来定,但男方的主张很难百分之百被采纳,于是就经常出现男方无法接受的意外判决。

在这种情况下,男性会高呼"冤枉""判决不当",但他们的这类主张却很难被法院接受。于是男性会开始仇恨女方,认为对方在撒谎,也会责怪公司听信女方的片面之词。可实际上男性坚信的"恋爱关系"里隐藏着被他自己忽略的大量细节。

噩梦的开始

在这种性骚扰模式下,站在男性视角来看,"故事"的开头都千篇一律。

在一个寻常的日子里,一个男人突然被公司人事部或总务科约谈。如果是大学或者某些地区,他会接到"人权问题"部门的电话。他充满疑惑地前往上述地点,在那里他意外得知,自己被举报了,罪名是性骚扰。

此刻,这消息如同晴天霹雳,他或许毫无头绪,或许会心里咯噔一下,脑中浮现出一个女人的名字。但无论是何种反应,他必然会十分惊讶:"我怎么就性骚扰了?"

也许两人在分手时闹得很不愉快,女方曾对男方说:"我绝不会原谅你!我要告你性骚扰!"所以男方在被约谈时估计早已心中有数。只不过他没想到的是,女方竟然真的付诸行动了。

除了被约谈之外,有时男方会突然收到一封律师函。他接到信函时很疑惑,展信阅读后更是万分惊愕。信函中的内容或简略或翔实,但都传达出相同的信息:你性骚扰了某位女士,请你道歉并赔偿,否则法庭上见。

虽然细节大同小异,但被指控性骚扰的男性一开始基本都会感觉特别荒谬。在一些性骚扰案件中,起因仅仅是轻微的肢体接触或玩笑，在男性看来，这非常难以理解；而对自以为处于恋爱关系的"恋爱型性骚扰"中的男性而言，被女方控诉性骚扰更是一种强烈打击。在本能地感到吃惊之后，紧随而来的是愤怒与无法接受，再一想到这事会传遍整个公司，他更是觉得颜面扫地，根本无法维持正常心态。从前相互吸引、爱得轰轰烈烈的那个女人，居然对我做出这样的事情！这种背后一刀的背叛感让他恨得咬牙切齿。再一看，连律师都出面了，心中又平添了一丝恐惧。

当自己亲耳听到女方控诉的细节内容时，男方更是在心里咆哮："这怎么可能！"因为女方说"自己是被迫交往的""碍于对方上司的身份无法拒绝""被迫发生性关系"。面对人事主管和律师，男方忍不住高声抗议："这简直是胡说八道！"

关于两人于某月某日在酒店发生关系、某月某日男方留宿女方家等控诉内容，对男方而言并非捏造。仅从这些细节来看，也确实是"事实"，而且可从中推测确实发生了"某些事情"。但是男方却认为实际情况并非如此，自己根本没有强迫对方发生肢体接触或者性关系，而且女方当时也同意了，可如今真相却被扭曲了。女方如此罔顾事实，男方异常愤怒，同时也难免忐忑："人事主管不会真的相信这个女人吧？律师会不会也被这个女人骗了？"

于是男方强烈主张事实并非如此，再三强调两人是相互确认心意的恋爱关系，生怕被冤枉成性骚扰。如果男方是已婚身份，他会承认自己与其他女人有染确实有错在先，但绝对没有性骚扰行为。他请求人事主管让他和女方当面对质，这样真相就水落石出了。可人事主管一般不会同意，因为女方担心被打击报复，所以公司必然不会让两人直接见面对话，况且女方律师也不会同意。倘若男方在此时贸然去接近女方，导致女方采取法律措施，那么他就会被当作罪犯处置，事态发展就愈发不可收拾了。

一部分公司为了速战速决，有时会要求男方暂时停职一段时间。在这段居家时期里，男方为了证明两人的"恋爱"事实，会"忍辱"提交手头所有的聊天和通信记录、旅行照片，努力为自己"洗刷罪名"。

然而，当组织经过内部调查认定"事实关系"后，男方的解释或许会有一部分被采纳，但也仅限于"酌情考量"，基本不会改变最后结论。基于该结论，有关部门就会做出相应处理。即便男方也请了律师，与对方律师交涉，也无法动摇最后结论（最后一章将详述律师沟通一事）。

为何这就是性骚扰？

从上文男方角度来看这个过程，确实让人感觉性骚扰很像"冤案"。两人在恋爱中出现矛盾，于是分手后女方为泄愤就告男方性骚扰。女方好歹也是个成年人，明明你情我愿地坠入爱河，却事后翻脸不认人。假如女方当时能够明确地说"No"，男方也不至于对她做出这些事情，事后还被告性骚扰，男方如何咽下这口气？更何况还要受到法律上的处罚。

可是，此时就做出上述论断有点操之过急。上一节的"事件经过"是我为大家详细描述的典型的男性理解方式，实际上，事件中的男方存在"认知盲区"。他仅看见了水面上的冰山一角，真相其实深藏在男方看不见的广袤水面之下。

大家首先要明白，两人刚开始交往时的"你情我愿"完全有可能是真的。在性骚扰案件中，有些女性从一开始就不情不愿地被迫与对方交往或者发生关系，但也有不少案件是在真实恋爱的基础上最终发展成性骚扰的。

在有些男性看来，两人的交往何止是"对方愿意"，女方甚至非常主动积极。在已婚男性出轨事件中，这更是男方常见的话术："我心里觉得她挺不错的，不过以我的立场，本来没想跟她有什么瓜葛，是她一直主动接近我，于是我们就处成了男女关系……"

哪怕这是事实，但始于双方同意的恋爱关系并不意味着男方事后可以凭借这种关系为性骚扰行为免责。或许大家会觉得这很荒唐，但正如我在第一章所说，性骚扰并不局限于在对方反感的情况下强制发生性接触。此外，指控性骚扰并不是基于陈腐的性道德观，例如已婚男性与女下属发生性关系，或者师生恋（当然，如果遇到一个眼里容不下沙子、道德观很保守的强势社长，或者在一所以"清白端正"为荣的女子大学里，出轨或者师生恋就足以让人工作不保）。

某种行为之所以能被确定为性骚扰，正是因为在男性看不到的地方隐藏着关键事实。

恋爱型性骚扰的两大模式——臆想型与现实型

那么男性看不见的"事实"究竟是什么？向公司和学校举报性骚扰的女性又如何理解并陈述自己的遭遇？

每起性骚扰事件都有其特殊之处，但恋爱型性骚扰大体可细分为两种模式。

一种是女方不仅和男方没有恋爱关系，甚至连与其交往的意愿都没有，可男方却一厢情愿地以为两人正在交往，可称其为臆想型。另一种是女方确实与男方有过短暂交往，两人有感情基础（性骚扰就发生在现实的恋爱过程中），可称其为现实型。

不过我想提醒大家，这两种模式并没有明显的区分界限。在现实型模式中也或多或少包含男方近乎臆想的固执己见；而在臆想型模式中也会出现两人发生性关系的事实，这种情况下，女方认为自己被强暴了，而男方却完全没发现女方的真实想法（这类案例本章将会提及）。此外，即便是现实型模式，既然女方举报男方性骚扰，那么在事态发展过程中必然存在大量男方察觉不到的细节，这恐怕已经不是臆想，而是错觉了。何况人的心思很难被外人一眼看透，而且会随着时间流逝而改变，所以关于两人之间是否存在爱情，谁（包括当事人！）都说不清楚（本书第五章会详述）。总之这两种模式重合之处颇多，不少案例也混合了两种模式的要素。解释完这两种模式后，本章将侧重分析臆想型，对现实型的分析详见第五章。

男性的恋爱臆想

男方说:"我们是自愿交往的。""她应该也有这个意思。"女方说:"他是我上司,我们俩关系挺近的,但是我绝对没想和他处成特别的关系。""我从没想过老师居然把我当成他的恋爱对象,这太让我震惊了。"以上当事人的描述,就是臆想型的典型表现方式。在女方看来,男方在强行推动两人往交往或者发生性关系的方向发展,女方无法拒绝,一直处在被动的地位。而男方的看法则与女方大相径庭:"怎么可能?""我们在一起时气氛非常好啊!""她也非常主动积极,好吗?"然而,以我多年来在咨询、调查及审判中看过众多案例的经验来看,这些男性的看法其实是很天真的臆想,与现实经常有很大出入。

我曾经在一起性骚扰案件中听到男方在证词中说女方才是主动积极的那个人,关于两人亲密关系的开端,男方是这么描述的:

> 那是个夏天,她刚入职不久,我和她去拜访客户。工作结束后,我跟她说:"今天这么热,休息一下再回公司吧。"于是我开车带她去了附近的溪谷,那里是个消暑的好去处。到了以后,她在

> 河边就把凉鞋脱了，踩进水里，开心地感叹好凉快。当时，她还把裙角提了起来。我心想：啊，她这是在向我发出性的讯号！

当时我坐在旁听席，听到这番话时差点没笑出声来。当一名女子被异性约到凉爽的河边或海边时，她愉快地玩玩水，也算是对邀约之人展现出礼貌。在这起案件中，两人并非情侣，而且男方还是地位颇高的上级，两人并肩漫步实在尴尬，所以女方估计是为了疏远男方才特意走去河边。而且女性光脚玩水，稍微把裙子提高一点以免溅湿，也是合情合理的。结果男方居然把这种行为当成"性的讯号"……这种想法本身完全暴露了男方猥琐的大叔品位，是看到妙龄女子的洁白玉足就瞬间飘飘欲仙了吗？

不过，男方不像是在开玩笑，否则不会在庭审现场如此表露自己的内心想法。一般来说，"提起裙角"确实属于"性的讯号"的标志之一，玛丽莲·梦露站在地铁通风口被风掀起裙摆的身姿成就了她最性感的形象。这还让我想起很早之前的流浪者乐队（The Drifters）成员加藤茶，他经常在搞笑节目中一边摆出撩大腿的性感姿势一边说："就露一点点哟！"难怪这位男上司见到女下属"提起裙角"就立刻坚信这是一种性的讯号。

然而,所谓的标志终究只不过是一种意象,将其视为向自己发出的性邀请则完全是个人的臆想。

此外,如今一些年轻女孩根本不把中老年男性当作异性看待,而不少男性却经常误解她们的这种行为。尤其是在女子初高中的校外集训期间,女学生们当着男教师的面,可以毫不避讳地躺进睡袋睡觉或者换衣服。她们之所以敢这么做,就是因为她们完全没觉得老师是异性,可是男教师却窘得眼睛都不知道看哪儿,其中就有人自以为是地认为女学生在勾引他。还真有不少男性一看到年轻女子不设防的天真举止,就不知不觉地陷进去了。

寂寞大叔的错觉

我接触过的一些性骚扰案例中,被举报的男方一直以为他们两人是恋爱关系,完全不知道对方十分痛苦。我同情女性受害者,但同时也有一点点可怜满脑子"错觉"和"妄想"的男方。因为确实有些性骚扰模式让人一看便知,为何男性会抱有这种可笑的想法。

这种模式里的男性基本上都是中老年人,女方是自己的下属、客户、学生，而且都很年轻。男方作为上司、职场前辈或者导师很殷勤地关照着女方。女方年轻，没有工作经验，对她们而言，这些男性身处高位还愿意言传身教，感觉很值得信赖。而男方也会对尊敬自己、认真听取指导意见的女性抱有好感。

说句失礼的话，这些中老年男性平日在家中缺少存在感，也不太受妻女待见，当他们在职场上被当作能干的上司、可靠的异性、尊敬的老师时，怎会不开心？而且崇拜他们的都是年轻可爱的小姑娘，更令他们倍感愉悦。他们真的很容易将这些女孩的态度误认为是"对自己有那方面的意思"。

而这些中老年男性也经常对自己的言行不太上心。比如一位上司随口发了句牢骚："唉，我家人都不给我庆祝生日啊！"一个平日总受他关照的女下属就敏锐地捕捉到他想被人祝福的心思。于是在他生日那天，女下属就给这位男上司准备了一张热情洋溢的贺卡，写上"祝主管今后依旧棒棒的！"，并和礼物一同放在上司办公桌上。这位上司早已忘记自己曾经的生日唠叨，看到女下属的这番行为开始兴奋不已："啊！她果然对我有意思！"

还有一种屡见不鲜的情况，称其为臆想或许有点夸张。女员工在面对重要的顾客或客户时，特别用心接待，提供周到的服务，而男客户却误以为这是女方专门针对自己的个人殷勤行为。在酒馆、夜总会、酒吧等场所，不少男性会在陪酒女郎或妈妈桑的殷勤接待下慷慨地一掷千金。但这类臆想情况却不止出现在酒水生意场。微笑提供送餐服务的美丽女空乘、面对患者笑脸相迎的温柔女护士、每周上门照料老人饮食起居的热情女家政工，这类人群频繁遭受性骚扰并非偶然。一些男性在接受她们热情周到的服务时，自以为是地认定对方醉翁之意不在酒，于是色从心头起，手脚开始不老实，想强迫对方乖乖就范（他们本人完全没觉得自己是在强迫对方）。

即便不是上述这几类职业，在普通职场中，女员工也经常充当男上司或男客户的"服务人员"。例如一起用工作餐时，为了让席间气氛更愉快，女员工会想方设法找话题，说些恭维的客套话，努力"款待"上司或客户。可是有些男性却误以为女方对自己有意，女方在主动接近自己……这种男性的错觉在现实中不胜枚举。

手机引发的错觉

最近信息科技的进步也成为男性将职场的上下级关

系、公司内外关系、师生关系误认为是"亲密关系"的原因之一。

其中最典型的就是电话和邮件。在性骚扰事件中,绝大部分男性有类似跟踪狂的行为,每天给女方发送数十封邮件,每晚打深夜电话。最初两人仅仅是业务上的来往或者指导,而原本就对女方有好感的男方在频繁的一对一接触中逐渐产生了别的想法。而女方在回复男方邮件时,为了避免让热心的上司或者老师觉得自己很冷漠,会特意加入一些可爱的表情符号。在年轻女孩看来,这是社交时再正常不过的表达方式,可是中老年男性们对这样可爱花哨的风格根本没有招架之力,完全陷入了两人有特殊亲密关系的错觉中。于是他们开始"积极回应",有事没事就给对方发消息,深夜祝晚安,清晨道早安。如果女方也回复一句"晚安",他们就立刻追问"还没睡吗",甚至还会直接一个电话打过去。

发邮件和打电话虽然是一对一的私人沟通,却属于单向的信息交流手段,因为一方很难知道另一方获取信息后是否感到困惑或困扰。当陷入"恋爱错觉"的男性打来电话时,女方或许可以用不接听的方式来表达自己的抗议,但是当对方是上司或者是自己派遣单位的正式员工时,便没办法无视他们的来电。女方为了顾及男方的情绪而不得不应付这些电话和邮件，这种行为到了某些上司眼里，却变成了"两人感情加深"的证据，于是两人见面时男方就一厢情愿地强吻了女方。

所以这些男性在得知自己被告性骚扰时，会一头雾水："她不是一直在向我示好吗？我们不是在交往的情侣吗？"若是称这些男性有妄想症，恐怕有点失礼，不过他们确实多多少少都对女方的态度产生了错觉。

当男性发现"这是个不错的女孩子"时，虽然会在内心辩解"我对她并没有什么其他想法"，但还是会主动上前打招呼，或邀请出去吃个饭。在两人互动的过程中，当女孩的表现很符合自己的心意时，男性难免会猜测，是不是她对自己也有感觉？不过很遗憾，大多数情况下都是他们判断失误。女方表现出得体大方、温柔优雅，只是为了不在男上司或者男同事面前失礼而已，不过她们也确实很难发现对方误判了自己的言谈举止，导致对方误以为自己也动心了。

如果两人的"约会"仅仅进行了一两次就再无下文，倒还无事。面对男方的多次邀约，逐渐有心理负担的女方客气婉转地以时间不方便为由拒绝，如果此时男方立刻心领神会，明白对方的真实想法，果断放弃，那么男方至此的一系列行为尚且属于颜色较浅的"灰色地带"，估计也不会被女方指控性骚扰。

然而，很遗憾，被"爱情错觉"冲昏头脑的男性基本不可能如此冷静地思考判断。当自己被女方拒绝时，他们还是固执地选择无视女方情绪，要么巧舌如簧地说"你跟我客气什么！""放心，我会照顾你的感受，不会对你不好的！"，要么以工作为借口，说"明天我们必须碰头开个会！"，总之就是想尽一切办法强迫女方就范。如此一来，男性就进入了危险的性骚扰区域。希望广大职场男士能够自觉，当你心动的时候，就已经越界了。

我是认真的！

因错觉而开启恋爱型性骚扰的男性经常挂在嘴边的一句话就是："我是认真的！"

面对莫名其妙就"爱上"自己的男性，女性会不知所措地向对方解释："课长，我很信任您，但我真的没有想和您交往的想法。""主管，您都已经结婚成家了吧……"考虑到对方是自己的上司或是老师，女方会尽量不失礼地郑重表达自己的真实想法。然而，男方听到这些话不仅不接受，反而更加热情地告白："相信我，我是认真的！""我真的很喜欢你！"当他们把女方推倒在床上时，还在说："我是认真的！""我不是在玩！"

不管男性认不认真，对女性而言，这根本就是一句废话。我很奇怪，这么简单的道理，为何男性就是不能理解呢？不过，古今东西，无论何朝何代，总有男性认为有供自己"玩乐"的女性存在。这里暂且不做道德评判，只要男性愿意，花点钱就能轻易和女性"玩"上一场已是不争的事实。就算不直接涉及钱财，将女性分为"随便玩玩的对象"和"认真交往的对象"的"娼妇／圣母"二分法并不仅仅是历史的残余。

因此当男性说出"我是认真的"这句话时，是在标榜自己很诚实：我找你不只是为了性，我没有不把你当回事。他们觉得只要有这句话，女方就能安心地接受两人的关系。可是，即便真从字面意义上去理解这些男性所谓的"认真"（实际上就是骗人的花言巧语），对于不想和男方有任何关系的女性而言，听到这句话也根本没什么可值得开心的。因为女性也有选择权。

这种思维差异不仅局限于性骚扰。被跟踪狂盯上的女性十分厌烦甚至恐惧这种骚扰行为，可是跟踪狂却表示"我在认真地爱她"，理所当然地纠缠着对方。家暴男把拳头挥向自己的妻子，却将其美化为"爱"而从不反省。

或许大家会指责我，怎么可以把性骚扰和跟踪、家暴这些犯罪行为相提并论，但是大家不觉得这三者中出现的男性本质上很相似吗？

男性态度认真并不等同于有权与女性发生性接触。如果还有人认为"我是认真的"这句话可以成为性骚扰的免罪通行证，那真是大错特错。

肉食系中老年

在本章内容中，"中老年男性"已经多次出现。其实中老年男性也分很多种，我的提法确实非常失礼，但是不少中老年男性希望自己还具有吸引力却是不争的事实。

那些高颜值、富二代、终生受女性青睐的男性终归是极少数，说出来或许令人颇感意外，男性所谓的"魅力花期"并不在年少时，而是在步入中年之后。这个时期的男性要阅历有阅历，要事业有事业，浑身上下散发出毛头小伙儿不具备的成熟魅力。而且人到中年，男人多少会比男孩更显胸襟宽广。坦白讲，拥有金钱和地位的中年男性深信自己比年轻小伙儿更具魅力，这绝对不是我在胡说。

这类男性最终都很容易变成"肉食系"。以中老年男性为目标人群的精力补充剂有这么一句广告语："当您想要展现自信、发挥实力时，身体却不允许？这款产品，正适合您。"这句广告语可谓直击男性的痛点——"假如真的可以妙手回春……"。药物"伟哥"之所以如此畅销，正是相同的原因。

且不论药效如何，由此可见，在中老年男性希望保持吸引力的期冀中，通常包含着"肉食"的愿望。于是他们会在无意间对女性产生不切实际的臆想或错觉。

热带草原上的百兽之王狮子也属于"肉食系"。我们会在动物节目中被狮子勇猛狩猎时的矫健身姿所吸引，可实际上，绝大部分时间狮子都在慵懒地卧地休息。真心奉劝各位中老年男士，你们正处在"魅力花期"，不要油腻地到处"觅食"才是真的帅气。

本章警言

男性无法觉察自身行为的理由3

> 请放弃这种错误想法:"我是认真的,所以值得被原谅。"

⬇

大家是不是以为体现压迫感对男性而言很重要?在销售或商务谈判等工作场合,压迫感有时确实挺重要。但是,在如今的现代社会,请不要把压迫感带入恋情中,否则不只会被视为性骚扰,甚至可能演变成跟踪骚扰。表白心意时请掌握好分寸,最重要的是要懂得适可而止。请别忘记,人在心动时容易丧失正常的判断力。

课长,这不是恋爱,这就是性骚扰!

第四章

女性为何无法明确说"No"?
男性为何无法发现女性的"No"?

女性为何无法明确说"No"?

到目前为止,我已经为大家展示了性骚扰中的两类案情,一类是男方坚信两人在自愿交往,另一类是男方始终没发现女方的不情愿。恋爱关系变成了性骚扰关系,取悦对方的行为变成了骚扰行为,这些突如其来的变化对男性而言无异于噩梦一场。

"如果你很讨厌我,为什么不早点说出来呢?"这是被指控性骚扰的男性经常会提出的疑问。无论两人是不是恋爱关系,面对男方的追求,女方貌似并不反感,却在事后说"被迫交往";两人同意去酒店开房,最后却变成女方"被强行带入酒店"。还有男性抱着受害者的想法:"如果当时她能够明确拒绝,我肯定会果断放弃,可她当时不说，事后却控告我，我明显是被她耍了……"

我们要批判这种情况其实很简单，可以批评这些男性太钝感，可以责怪他们怎么没察觉出女方的态度。但是，在我见多了这类案情之后，我发现背后隐藏的实情并不能简单地归咎于男性个人的钝感。为何女性很难对男性说出"No"？为何女性无法说出男性能够理解的"No"？

大家会猜测，根本原因是女性害怕因拒绝而遭受报复。一旦拒绝对方，后果不是丢了工作，就是受到排挤，即便没到如此严重的地步，也会因不受器重、气氛尴尬等导致工作上障碍重重；若女方还在求学，恐怕还会失去应有的学业指导。正因为女性不希望自己给上司、客户或导师留下不良印象，所以该说"No"的时候却犹犹豫豫，很难开口。

可是，女性无法说"No"的原因，并非仅局限于怕遭报复、怕倒霉等瞻前顾后的心理。女性难以开口拒绝以及无法明确拒绝，其实是她们在惧怕被报复之前就早已存在的反应。

本章会以日本社会文化为背景来解答为何女性不明确说"No"的问题。本章内容除了可以防范性骚扰，对家有女儿的父母以及从事女子教育事业的人士也多有裨益。

装出愉悦的样子

女性无法明确说出"No"是东西方皆存在的现象。美国性骚扰问题领域的先驱者凯瑟琳·麦金农（Catharine A. MacKinnon）同时也是一名法学教授，她曾解答过这一问题。她认为当女性遇到不期待、不愉快的性邀请或性互动时，倾向于通过"不忤逆"来传达出自己拒绝的信息。"女性最常见的反应，就是努力无视眼前发生的一切，同时装出一副愉悦的样子来保全男性的面子，希望以此来满足男性，使其放弃下一步行动。"（凯瑟琳·麦金农著，村山淳彦监译，*Sexual Harassment of Working Women*，高知书房，1999年，第93页）

接下来我会用具体例子来解释凯瑟琳的这句话。

> 在公司聚餐的酒会上，大家喝得很尽兴，心情大好的主管趁机倚靠在女下属身上："你很像我读书时爱慕的女神。和我约会吧！"这位女下属此时会作何反应？哪怕她在心里吐槽"有病吧！什么女神！"，也不会直接拉下脸说："我才不要和你约会！"因为对方是主管，而且很可能只不过是借着酒意开个玩笑，如果自己立刻严词拒绝，

反而显得自己把玩笑当真了，也太把自己当回事了。因此该女子为了不破坏席间气氛，一边小心翼翼地避免对方扫兴，一边含糊其词："我怎么会像您的女神呢……"然后岔开话题，或者佯装上厕所离开座位，让两人的对话到此"自然"结束，通过不理睬主管的邀约来表达"自己不感兴趣"的意思。

再看另外一个例子。

在大学的办公室里，教授递给我一本书的时候突然握住了我的手。我吓了一跳，这是怎么回事？虽然那一瞬间我没有做出任何行为上的反应，但脑子里却闪现出无数个念头：到底发生什么事了？教授是在摸我的手吗？不会吧？是不是不小心碰到了？如果我马上把手抽出来，是不是反应过度了？万一只是个误会，我这么小题大做让教授下不了台，那我就死定了！算了，装没事吧。

这种情况下的女性会通过"无视"对方的言行，装出若无其事的样子，表示自己毫无兴趣，以此来展现内心的

"No"。

但是,男方会如何看待女方的这种表达方式?其实他们基本上都没接收到女性说"No"的讯号。上文中那个以酷似昔日女神为借口邀约女下属的主管看到女方没有明确表态,感觉她不太像是同意,不过既然她回答时面带微笑,说明她并不反感,这是一个好征兆。这就不难理解为何主管接着就想要继续创造两人单独相处的机会。还有那个摸女学生手的男教授,自己试探性的碰触居然被对方默默接受了,看来她也不是完全没这个意思。这位教授估计准备乘胜追击,策划下一次的亲密接触。

站在男性角度来看,他们会"完全忽视"女性这种"装作愉快的沉默",理解成她们"虽然很羞涩但是仍同意了自己的追求"。他们根本想象不到女方内心正强压住不快,面上却还笑意盈盈,试图通过无视的态度来表达自己的拒绝。因为他们坚信自己并不是什么变态男,而是公司里的好老板、职场上的好前辈、学校里的好教授,值得这些女性信任。

假如男性明白对方对自己并无好感,也就打退堂鼓了,只要"不被羞辱",可能也无意报复。他们猜不到女性因害怕被报复而强忍痛苦的内心活动。在一些自信心爆棚、不浪费任何追求机会的男性看来,女性这种"装作愉快的沉默"体现了女人味的矜持，表示她们很期待自己下一步的行动。

拒绝"按摩"骚扰的困难之处

性骚扰中最常见的一类情况就是以按摩为借口的肢体接触。不怀好意的男上司殷勤地为女下属缓解疲劳，动手动脚。这类情况尤其会发生在体育教练或领队与女选手之间，引发很严重的性骚扰后果。

我们一起来看一下以按摩为名的性骚扰内情，就可明白为何女性难以说出"No"。

在这类性骚扰中，体育界的教练与选手之间的关系尤为突出。无论选手是何性别，协助选手做好身体管理是教练的责任之一。因此，当教练或领队向女选手表示要为她按摩时，女选手实在无法开口拒绝，即使内心十分疑惑："有这个必要吗？"教练此时也会给出各种理由说服对方，诸如今天比赛强度太大，明天是场硬战，等等。

因此女选手会藏好自己的不安与疑惑，听话地在教练面前躺下。因为是按摩，身上衣物都比较单薄，教练自然会直接接触自己的身体。教练先按摩女选手的肩部、脚部，随后逐渐靠近胸部和大腿，此时女选手的不安开始加剧，对这样的触碰感到厌恶和不解。然而她也会想到，教练这么做也是为了自己的成绩着想，只不过是寻常按摩而已，自己质疑的话会太失礼，想着想着反而会产生内疚感。一旦让教练按摩过一次，下次的按摩就不方便再拒绝，于是这样的接触就接连不断地出现。由于两人是教练和选手的紧密关系，女方很难去找第三方诉苦，内心会越发苦闷。

再看按摩事件中的另一当事方——教练，他们中的99%都是假借按摩之名另有企图。在按摩过程中，他们会先战战兢兢地将手伸向女选手的敏感部位，发现女方并没有开口抗议，便逐渐胆大妄为起来。经过几次"越界"的按摩之后，教练发现女方一句抱怨都没有，便确信这是女方释放的可行信号，根本感受不到对方承受的巨大痛苦。

客观说来，女性被如此频繁地碰触胸部、大腿却不抗议，真是匪夷所思。可是，受害者本人因为不确定是不是遇到了性骚扰，所以一直保持沉默。在女性认为重要的人际关系中，她相信对方一定不会伤害自己，这种感情会促使女性自我否认正在遭遇的伤害，一直处在无法拒绝的状态中。这就是为何性质恶劣的性骚扰经常发生在亲近或者相互信任的关系中。

这类性骚扰不仅局限于教练与选手之间，在职场中也会发生。"累了吧？"男上司一边说着一边凑过来，开始按摩女下属的肩颈。女下属虽然很意外，但又觉得不该把男上司想得那么坏，于是就默默忍受。女方不抗议、不抱怨的反应并不意味着她默许男方的碰触行为。无论男方是否真心想为女方缓解疲劳，女性并不希望被自己不喜欢的男同事碰触身体。除非你是一个人见人爱的按摩专家，否则不要轻易为异性按摩。

不想接收性暗示

在性的语境下，女性很难表达自身意志，很难说出"No"。实际上，包括我在内，即使是研究性暴力与性别问题的专业人士，也同样如此。

一位女研究者将自己遭遇的性骚扰经过公之于众，当我看到她的文字时，才明白女性要说"No"有多难。

"在联谊会的游戏中，我被迫吃了做成男性性器官形状的食物（说实话，我觉得我被迫做出了口交的动作）。

"……其实我想拒绝也不是不可以，但是我觉得小题大做会显得自己很不大方，而且很卑微地认为自己没有资格拒绝……所以我就吃了。但是，虽然我一直在给自己洗脑：这只不过是个游戏而已……可这种受辱的感受以及看到男性性器官形状的食物时的恐惧一直在脑海中挥之不去，而且我还无法跟其他人倾诉。"（田村公江《性的商品化——何谓性的自我决定》，选自《岩波讲座·哲学第十二卷：性与爱的哲学》，岩波书店，2009年，第182页）

作者并没有写出她在何时遭遇此事、当时是何身份，但她作为研究学者，职业要求之一就是要善于表达自己的意见，可她在当场也说不出"No"，事后还感觉蒙受了耻辱。她认为自己"被性骚扰"了，虽然她在书中没有直接这样表达。她当时也"不想小题大做"，不想当面和别人起冲突，还得佯装没发现眼前的食物形状，否认自己被迫做出"口交的动作"。

假如立即抱怨或抗议，那就暴露了自己已觉察出面前的食物有"性含义"，仅仅这个反应就足以证明策划这个"游戏"的男人们赢了。周围的人恐怕还会阴阳怪气地起哄："哇哦！原来食物在你眼中是这个样子！果然经验很丰富啊！"即便参加游戏的女性没有明确表达抗议，仅仅面露尴尬，有些不快，也已经显露出自己"看得懂性含义"，这种表情也足够为"游戏"助兴了。假如女性出言抗议，拒绝参加游戏，还会受到大家的冷嘲热讽："这么大惊小怪。""真破坏气氛。""老古板。"身处这样的环境，女性佯装没发现面前食物的性含义，一脸平静地吃下去，反而是对自己最大的保护。

当女性身处令人非常为难、不安的不友好环境中，会以"装傻""无视"的方式忍气吞声。可是，即便如此，她们内心依然会觉得很受辱，很受伤，很难抹去这段记忆。当日后时机成熟时，她们就会挺身而出，揭露真相，举报当时的性骚扰行为（该书作者没写她事后是否举报）。

上述案例教会我们，女性当场不说"No"而是事后举报，这不该被看作卑劣的行为。

希望体面收场

女性无法说"No"的另一个原因，是太顾虑男方。

有一起案件是女方起诉男上司性骚扰，男方经常对女方做出搂抱、抚摸等肢体接触的行为。可在庭审时，女方的起诉被驳回了，理由是女方没有明确拒绝，这种不自然的表现无法取信于人（1995年3月24日横滨地方法院，《判例时报》第153号第111页）。

据原告叙述，当她与男上司在公司单独相处时，男方会靠近女方并碰触其身体，之后逐步发展为强吻、强抱。在此过程中，女方曾多次表示"这样不好""午休马上要结束了"，尝试通过软言相劝来制止对方，可是男方听了之后非但毫无反省之意，神情反而更加愉悦。女方事后曾找公司社长面谈，讲述自己的遭遇，男方因此受到批评，于是他便怀恨在心，执意逼迫女方离职。女方最终将其告上法庭。

地方法院在审判此案时，认为假如女方所言情况属实，那么她本人应该要强烈反抗才对，可她却温和地劝阻对方，并且担心自己万一不识好歹闹起来反而激怒上司，她的这种态度实在过于沉着冷静，无法令人信服，最终法院驳回了原告的起诉。

女方对一审判决不服，提出上诉。在此次庭审中（1997年11月20日东京高等法院，《劳动判例》第728号第12页），法院却给出了与一审截然不同的判决——原告胜诉。此次庭审采纳的证据是美国对强奸受害者应对行为的相关研究结果，认为原告的应对方式合情合理。法院认为在遭受强奸等性伤害的女性中，仅有一小部分可以逃跑或者直接抵抗，不少受害者当时身心均陷入麻痹状态，还有一部分人会思考如何让施暴者恢复冷静，或者试图说服施暴者放弃暴行。尤其当施暴者是职场同事时，受害者会尽力维持两人的友好关系。在本案中，原告在证词中也明确表示，正因为自己尊敬被告，感激他曾经的恩义，所以在被对方性骚扰时才无法猛烈反抗。

由此可见，女性不说"No"、不反抗，其实是女性在竭尽全力顾及对方、试图体面收场的一种表现。可是仍有人固执地认定："女性不说'No'，很诡异。""一开始不拒绝就是你的错。"这可谓无视现实的谬论。

然而我不得不说，正如本案所呈现的那样，女性很努力地试图通过自己克制的言行去改变对方的意图或者行为，而男方因此悬崖勒马的可能性——很遗憾，几乎为零。

深入骨髓的服务精神——女性的字典里没有"No"

如上文所述，女性在不说"No"时的各种考量非但不能制止对方的性骚扰，反而会让事态恶化。既然如此，女性干脆大大方方说"No"，不假思索地反抗不就解决问题了吗？

未必如此简单。"干脆利索"在日本文化中绝对不是一个褒义词。日本文化追求的"和"与"协调"在如今迈入信息时代的21世纪依旧是主流，"KY[1]"（不会察言观色）这类年轻人的潮流语言甚至被广大民众接受并固定了下来。在这样的文化氛围中，男女都默默遵守着一项规则：避免与他人对立，心里有话也不说，配合对方就好。面对上司或顾客时更要如此。

虽然此事无关性别，但唯独女性从小就被教育要"听话温柔"，要照顾对方的情绪，要采取合乎对方心意的态度。

而且，日本女性从来都没有可以明确表达"No"的话语。

这样说估计会让大家很诧异。确实有些女性比较怯弱，不敢在人前表示拒绝，可是所谓日本女性没有表达"No"的话语，这是什么意思呢？

我们先来假设一个场景，一位女子在电车上遭遇"咸猪手"，请大家想象一下，她此刻会说什么？在现实中，绝大多数女性都是强忍不适感，不声不响地侧身避让。即便出声，顶多也不过低声说一句："请别这样。"然而，"请别这样"既不是"No！"，也不是"给我住手！"，而是一

---

1 K和Y分别是日语"空気読めない"（察言观色）中的"空気"（空气，kuuki）和"読めない"（读不懂，yomenai）的罗马字首字母。

句有礼有节的请求与拜托，不是命令。当伸出"咸猪手"的电车痴汉[1]听到这种娇滴滴的可爱女声时，怎么可能会被震慑到仓皇收手，应该会加倍快乐吧。

男性假如遭遇类似的骚扰，必然会大声呵斥对方，然而女性却办不到。倘若真有日本女性在电车上中气十足地怒吼"住手！"，周围的乘客肯定会惊讶于她异于常人的言行，而非同情她的遭遇。

从这个例子就能看清平时被我们忽视的男女有别的语言束缚。在日语里，女性不使用断定的语气。在与人交流时，她们总在句尾使用一些含糊的省略语，一边揣摩对方的心思一边频繁地应和对方。即便要求或者禁止对方做某事，女性也几乎不会采用直接的命令句。就算有，顶多就是和小狗说"握手！""趴下！"。教育孩子时，父亲会用命令的句式："学习去！"可母亲用的都是语气温和的句子："你要学习。""你不能不学哟。"

这样的女性在遭遇到性骚扰或者痴汉行为，被迫发生不愉快、不情愿的性接触时，她们找不到可以明确表达"No"的话语。在上文的一些案例中，女性在害怕被报复

---

[1] 日语为"チカン"，指在公共场合实施性骚扰行为的男性。这种在公共场合实施的性骚扰行为也被称为"痴汉行为"，日本于1995年已明确"痴汉行为"系犯罪行为的一种，量刑较重。——编者注

之前，感受到的是不知所措、惊恐，以及对对方的顾虑，这些情绪导致她们说不出"No"，但更深层次的原因是她们根本没有可表达"No"的话语，这是何等可悲！

当然，语言和表达也在变化。日语的女性用语中没有"No"的表达，正是日本女性所处社会状况的反映。回溯日本历史，在某些阶层和地区，男女用语并无太大差别，以如今的标准来看，当时的女人简直言谈粗鲁。如今在一些地区还有老婆婆会如男性那样自称"老子"。

既然如此，今后只要创造出让女性更能表达自我的社会大环境，那么相应的语言表达也会随之出现。其实如今的一些中学女生在说"我"时，用的是男性的自称"ぼく"，甚至还能讲出不输男生的粗话。一般情况下，女生这样讲话都会被大人严厉训斥，于是当她们成长为"成熟女人"时，言语中的张狂便消失得无影无踪。

对女生而言，言谈中用词的无拘无束是一种挣脱"女性气质"的束缚、可明确自我表达的积极挑战。假如这样的挑战在更多女性中间传播开，女性可以无所顾忌地表达"No"，那么这不仅是全体女性希望的，对于那些疑惑女性为何不一开始就拒绝的男性而言，同样也是好事一桩。

不过，这仍需要时间。当下我希望无论男女都能充分理解这个女性无法说"No"的社会结构与真实状况，努力创造一个可以说"No"的环境。我尤其希望男性能够明白，女性没有明确表达"Yes"的沉默并非代表"OK"，这其实就是"No"。但凡男性具备这样的同理心与度量，也不至于某一天突然被人指控性骚扰。

男性天生对女性的"No"有钝感？

本章行文至此，我已经带大家详细了解了女性无法说出"No"的各种理由。对生怕被冤枉成性骚扰的男性而言，自然非常希望女性能够更加明确地表达拒绝。然而，另一个无法忽视的事实是，确实有一部分男性感受不到女性的不快与反感。

有一个案例可以很好地展现男性这种极致的钝感。兵库县警署的巡查上级在巡警岗亭和警车中性骚扰同一单位的女巡警长达半年之久，长期（报道称多达一百余次）抚摩女方屁股和大腿。女巡警在半年后终于忍无可忍，向同事吐露此事，该事件才浮出水面（《朝日新闻》2012年6月8日，《神户新闻》2012年6月8日）。

然而，这位五十二岁的巡查上级居然说："她的大腿摸着实在太舒服了，而且她默不作声，所以我也就没停止过。"

多么可笑的说辞。一个男警官在警车和岗亭里向女下属伸出邪恶的"咸猪手",简直令人难以置信。可是,我相信一定会有男性共情这个"咸猪手"警官,认为女巡警在紧身裙制服下的光洁大腿会诱人生出邪念。

还有一起知名案件,就是因为男方对女方的不快情绪太钝感而最终演变为恶性犯罪。横山诺克(已故)任大阪府知事期间,因猥亵竞选活动中的一名女性,被判刑一年六个月(缓刑三年)(2000年8月10日大阪地方法院)。当时各大媒体都纷纷报道这起"知事性骚扰"案件。横山被指控在竞选车中将手伸入女方裤子里,做出抚摩其下体的猥亵行为,但横山在庭审中却为自己的行为辩解,认为女方当时并没有表现出反感。

这番辩解让人立刻就想顶回去:"女方不反感才怪!"横山与上文的巡查上级估计是一个德行,都看到"女方默不作声,于是就没有停手"(该案的女性受害者在证词中表示,因为事发突然,自己又惊又怕,所以当时不敢出声)。

我们很难理解,为何男性会如此钝感,麦金农教授给出了她的见解:"对于涉及性的行为,受害者感受到的是性暴力,但在男性施害者看来却并非如此。他们之所以能够毫无愧色地持续性骚扰,在某种程度上正是出于这个原因。"换言之,在男方看来,令女性感到不快和痛苦的行为并无过分之处,在某种意义上,骚扰者并无"恶意"。男方会惊讶于女方展现出的愤怒,但他们脸上的困惑不解却不是装出来的。这也显示出,要证明"施害者知道自己的性接触令对方不快"这件事很有难度(凯瑟琳·麦金农著,村山淳彦监译,*Sexual Harassment of Working Women*,高知书房,1999年,第255页)。

可是,假如上文两起案件的女方不是年轻的女巡查下属和兼职的女大学生,而是警署署长或选举后援会会长的女儿,我相信巡查上级和横山根本不敢对她们下手。再钝感的男性,当他们面对的不是年轻的女下属,而是位高权重的女上司或者社长夫人时,也得小心翼翼地察言观色。男性之所以会产生钝感,本质上是因为他们轻视眼前的女性。

因此,对有一定地位和年纪的男性而言,钝感是"天生自带"的。如果各位男士不想成为性骚扰者,最好能够对此有所自觉。

没发现自己在强迫他人

关于男性天生自带的钝感,我再从其他视角稍加说明。

深耕性骚扰问题多年的心理学家洼田由纪认为，能够让他人听话的"权力"资源可分为报酬权力、强制权力、正当权力、权威权力、关系权力这五类（洼田由纪，《性骚扰的背景——社会势力概念下的"力关系"分析》，《九州国际大学教养研究》第6卷第1号，1999年）。报酬权力与强制权力比较容易理解，听话就给你奖赏，不听话就惩罚："你只要和我在一起，我就延长你的合同期。""今晚你要是不乖乖听话，你的合同就泡汤了。"这些话术就属于这种类型，男性利用上司身份、派遣公司的权力逼迫对方就范的卑劣行径明显就是性骚扰。因此，不少被控诉性骚扰的男性才会认为"自己并没有卑鄙地威胁对方，我的行为不可能是性骚扰"。

动用了报酬权力与强制权力的性骚扰确实让人一目了然，可在现实中的性骚扰，尤其是恋爱型性骚扰中，这种推动两人关系发展的方式是不存在的。因为在上司与下属之间、用工单位的正式员工与派遣工之间、导师与学生之间，根本不需要这种赤裸裸的威胁。一句普通的约会要求、一个简单的邀请，都会让女方担忧不已，忍不住解读男方的行为："我要是拒绝，下一个合同期就危险了。""我要是不听话，教授可能就不指导我了。"结果就是女方会迎合男方的要求。这种举动在男方看来，就是女方积极主动的表现。

女性的这种解读，其实挺"随性"的。男方或许是个好人，完全不会利用自己的身份、立场给女方施加压力，哪怕自己被拒绝也认了，根本不会去想什么报复不报复的事。对这样的男性而言，很难猜到女方在答应自己时的内心独白是："我再不愿意也不可能拒绝，否则他不会让我好受的。"他若知道女方如此疑心重重，反而会觉得很麻烦，倘若自己的行为被对方误解，还被诬告为性骚扰，那简直比窦娥还冤。

不过，真的可以因此断言女性太多疑了吗？在女方一口回绝男方后，两人再见面就不尴尬了吗？女方拒绝和男方发生特殊关系，男方就不会因此无比愤懑，觉得伤自尊、伤面子吗？被人拒绝毕竟不是开心的事，当女方合同到期时，男方就不会趁机拒绝续约吗？

正因为一切皆有可能，弱势的女性才会迎合强势的男性，尽力满足他们的要求。强势的一方往往难以察觉自己手中握有某种权力。把自己的力量拿出来到处炫耀的，要么是当之无愧的权力者，要么是像《哆啦A梦》里胖虎这样的小屁孩。

最初的敬意

我在上文中说，无须男性搬出奖赏或者惩罚，女性自然就会迎合，但是，这种力量并不是在凭空发挥作用。女性之所以会顺从男性，是因为其背后涌动着微妙的权力，那便是权威权力、正当权力与关系权力，这三者会在男女双方的关系中发挥巨大的作用。所谓权威权力，就是一方具有权威性，大家理所应当要顺从他。所谓正当权力，就是一方拥有指挥行动的正当性，这常存在于长辈与晚辈之间、传统的性别秩序之中。最后的关系权力则在一方对另一方怀有憧憬、尊敬、好感等情感时发挥作用。

在职场中有点地位的中老年男性基本都拥有上述的权力。年轻女员工会认为他们是既能干又可靠的上司，服从他们是再自然不过的事。即使上司的指示让人困惑，员工可能也会想"或许就是应该这样吧"。尤其在研究生院，这样的例子并不少见。学生拜读过某位教授的著作后立志要考该教授的研究生，当这样的学生顺利入学后，教授让其对自己言听计从简直易如反掌。洼田由纪认为，在让人听话这件事上，这些权力比动用奖赏和惩罚的报酬权力、强制权力更加高级。因为信任、尊敬对方的情感会让人"自然"展现乖乖听话的态度。

可是男性却不太能意识到自己拥有这样的权力。在新入职的女员工和刚入学的女学生眼里，这些男性是职场精英、优秀学者，但客观来看，即便他们不是糟老头子，也不过是平平无奇的中年打工人、普普通通的高校教师。平日里他们只会对社长和客户点头哈腰，在家里也没什么存在感。他们很难想象，这样的自己居然拥有能让一些人再不情愿也会顺从自己的能力（反之，天天脑子里想着"老子拥有控制他人的特殊能力"的人，应该是不配作为社会成员的自我中心主义者）。更令他们想不到的是，年轻可爱的女孩子会对自己又尊敬又顺从。于是，双方针对某个行为的含义出现了分歧。

我们来看一个具体的场景。

> 小 D 和课长在同一个项目组里一同工作了半年。小 D 最初经常犯错，在课长的耐心指导下，最近终于能够独立完成与客户的沟通工作了。项目进展过程中有诸多辛劳，组员们会经常一起喝点小酒放松一下。小 D 有一双水灵的大眼睛，性格谦逊很有魅力，课长一直对她有好感。上周聚餐后，小 D 喝醉了，课长搂着她的肩送她回家，当时课长觉得两人之间"感觉很好"。

之后，课长与小D一同去外地出差。两人与客户的合作进展顺利，当天晚上，他们都感觉很有成就感。小D对课长的工作能力赞不绝口，这些溢美之词在课长听来如闻仙乐，他很肯定小D一定被自己深深吸引，于是便邀请小D去他酒店房间继续喝酒。小D听话地跟着课长进入房间，谁知刚一进门，就被课长紧紧抱住并按在了床上……

大家看完后感觉如何？

课长与小D亲密交往了半年。尤其是在出差当晚，小D显得非常热情，当课长邀请小D来酒店房间时，小D欣然赴约，于是两人自然就发生了性关系。然而，事后小D却举报课长性骚扰，称那天晚上她是被课长强行带去酒店房间发生性关系的。这是在开什么玩笑！站在课长的角度来看，事情经过就是上述这样。

但是从小D的立场来看，课长所谓的"感觉很好"，其实是她对能干的上司的尊敬，也是部下刻意讨好上司的恭维。小D若是没参加聚餐，课长隔天必定会教育她："我们是一个团队，下次不许再偷懒缺席啦！"因此小D为取悦课长感到压力巨大。当他们在外地出差，工作上有所收获时，小D真的非常开心，不仅为公司开心，更为课长没有败兴而归开心。因此，那天晚上小D尽情地奉承课长。当课长邀请她去他的房间时，他的原话是"需要确认一下明天的行程"。小D虽然不是很想去，但事关第二天的工作，也只能硬着头皮答应。可是一进房间，课长就对小D又亲又抱，直接把她推倒在床上。这在小D看来完全就是强暴，可她却没有大声呼救和逃跑的勇气。她害怕自己的反抗会令自尊心很强的课长"觉得被羞辱了"，今后自己在工作中会被欺负。然而，小D当晚遭受的打击已经超出了她所能忍受的范围。

正如上文案例所示，男方感受到的来自女方的好感与同意，都是双方权力关系的产物。因为男方是上司，维护好上下级关系很重要，所以女方会顺从男方。而男性则往往误认为两人是"男女"关系，他们想不到，女性之所以迎合自己，是因为自己拥有正当权力、权威权力与关系权力。从这个角度来讲，男性确实很钝感，这种钝感成为性骚扰的元凶。

我在这一章里提到的都是"有地位、有权势的男性"。我先声明，男读者们千万别因此草率地得出结论："我没这么了不起，所以我很安全。"力量都是相对的。一个普通男职员在职场上依然比同级别的女职员拥有更多力量，更何况在派遣工和临时工看来，男性正式员工简直可以呼风唤雨。但凡是在公司这样的组织架构内工作，相信没有一个男性会与这样的力量绝缘。

上司或者导师对自己有好感，私下邀请自己去吃饭，对女性而言是件开心的事。她们会觉得与又尊敬又信任的长辈面对面地聊天很幸运，也会努力地取悦对方。对中老年男性而言，这样的接触也令人心情愉悦。但是，请各位男士不要因此产生误会，女方其实并没有把你们当作异性去喜欢。切忌得意忘形。

本章警言

男性无法觉察自身行为的理由 4

女性内心再不舒服，仍会维持面上的笑容。

怒火中烧却不形于色，言谈间仍在取悦对方——这种经历，男性应该不陌生吧。面对一出事就让下属替罪的上司、吹毛求疵的客户，如果真对他们动怒，打工人的饭碗即刻不保。基于这些经验，女性内心苦涩却仍面露微笑，男性对此应该不难理解。如果你们也不想和讨厌的上司与客户一个德行，那么请你们对女下属也保持敏感吧。

课长，这不是恋爱，这就是性骚扰！

第五章

恋爱与性骚扰既远又近

从恋爱变成性骚扰

本书第三章已经分析了臆想型性骚扰,即男性自认为两人是恋爱关系,却被女方指控性骚扰。本章将分析现实型性骚扰,这种模式下,男性的感知并不都是单方面的恋爱错觉。

我在前文中曾说过,恋爱与性骚扰的界限有时十分模糊,现实中也有不少恋爱变成性骚扰的事例。由于性骚扰事件中的女方很少亲口承认"两人在谈恋爱",所以我的这个见解或许有点武断,但从第三方角度来客观看待,有些案例中的双方看似确实是恋爱关系。

既然是恋爱,虽然情侣间没有发生什么激烈冲突,但是出现一些误会或者成见也是家常便饭。有些人会稀里糊涂地无法确认自己的心意，或者不知道自己当初为何会喜欢对方。更何况有些关系在外人看来，到底是不是恋爱关系都要打个问号。在这种情况下，虽然两人之前是情侣，但是当两人关系改变时，有些女性会将男方的行为定义为性骚扰并控告他。恋爱是双方同意下的关系，而性骚扰是利用权力关系做出的胁迫，两者截然不同，但在某种意义上，恋爱与性骚扰仅有一步之遥。

"两人之前还是情侣，现在一方却告另一方性骚扰，这太不像话了。""所以说嘛，性骚扰的控诉就跟儿戏一样，不足为信。"在大家产生这样的想法之前，请先思考下，为何恋爱会变成性骚扰？为何恋爱和性骚扰会被混淆？本章将解答上述两个难题。

周遭人眼中的情侣

当遭受性骚扰的女性去工作单位、学校的咨询室或者找律师指控男方后，经由相关机构调查，周围人在知晓事件后往往大跌眼镜（从保护隐私的角度来讲，相关人员会极力不声张，可无奈的是天下没有不透风的墙）。有些人会诧异："他怎么会性骚扰呢？"而有些人则表达出双重意外："这两人不是在交往的情侣吗？""我还以为他们的关系比朋友还亲密呢。"用更接地气的话来讲就是"我以为他俩已经成了呢"。大家对指控性骚扰的女性也是先投以责难的目光："欸，她不是很喜欢上司吗？""她不是很受那位老师的关照吗？我还以为她对老师印象很好呢。"

在男上司与女下属、男导师与女学生的性骚扰模式中，无论女方是何感受，无论实际情况如何，周遭的人们经常会觉得他们是"恋爱关系"或"特别亲密的关系"。我在第二章介绍的那位倾诉"自己也不懂是否被性骚扰了"的女性，在周围同事的眼里肯定也是一个"很受上司喜欢的人"。

因为当事人双方在工作或学业上的关系比较近，即便女方一开始便厌恶男方的靠近，也不可能摆个臭脸不理睬对方，或者放出狠话吓跑对方："你好恶心！你是疯了吗？敢来追我！"就算双方不是上下级关系，女性要是在职场上毫无顾忌地对同事说出"我讨厌你"这样的话，绝对会被贴上"没教养""不懂事"的标签。

因此，在男性发出邀约时，女性会适当地配合男性，就算没有掺杂个人情感，面对自己尊敬、信任的人，也会欣然赴约。周遭的人看在眼里，便觉得这两人"特别亲密""好事已成"，男方特别偏爱女方也成了众人眼中顺理成章的事情。

当女方事后明白男方是在追求她时，会感到很为难，但被爱情冲昏头脑的男方往往已经刹不住车，直奔性骚扰而去。另一种情况是女方也春心萌动，与男方双双坠入爱河，哪怕对方已有家室，哪怕对方是自己的导师。但即便如此，两人的关系仍有可能以性骚扰的结局收场。

在一些极端案例中，两人的关系是从强暴、猥亵等性侵行为开始的，可是在外人看来，两人却俨然是"恋爱中"的模样。

经过长达五年的审理，性骚扰受害者小E在法院的调解下与被告和解，获得赔偿金。小E在庭审中陈述，她本人已婚已育，在一家公司兼职，某日在聚餐之后，公司的正式员工F开车带她去兜风。当车开到某座山上时，F在车中强暴了小E。小E深受打击，但看到施暴者F却镇定自若，她内心十分恐惧，由此产生了"他可能喜欢我才这样做"的罪恶感和自我否定感，进而给自己洗脑——两人是恋爱关系，他没有性骚扰我。小E甚至送F围巾和领带，因为她希望F的妻子能发现他们两人的不正当关系，这样她就可以光明正大地离开F了。小E的这些举动看似是"情侣间的行为"，但对于无人可倾诉、精神濒临崩溃的小E而言，这却是她的奋力一搏（《臆想男不会住手——胜利的和解·性骚扰审判记录》，与性骚扰斗争的劳动组合 papuru，2008年）。

像小 E 这样，当面对客户、上司、导师等无法彻底切断关系的人时，比起认为自己是被迫屈服于暴力、被迫与对方发生性关系，认为"对方喜欢自己才如此强迫自己"反而能在心理层面上轻松些。在这种情况下，岂止性骚扰！就是在频繁发生强暴等性暴力行为的关系中，一些女性也会进入半放弃状态、顺从男方。在外人看来，两人就如同"恋人"一般。哪怕此时女方终于鼓起勇气说"No"，看上去也好似情侣在小打小闹，女方赌气说分手一样，女方的主张可能最终都无法获得他人的信任。

恋爱过程

我在前几章已经说明，许多被指控性骚扰的男性认为关系是"经双方同意"达成的，但实际上并非如此。不过并非所有被指控性骚扰的案件都是这种情况。即使女方说"我们从一开始就不是恋爱关系""我并不愿意和他交往"，有些时候也可以推测出，至少在某一小段时期，两人之间确实存在恋爱关系。

大家看到这里，估计会迫不及待地想知道：是女方在撒谎吗？她们指控性骚扰是无中生有吗？我来告诉大家，都不是。这个答案或许会令大家感到震惊，事实是，恋爱关系是否存在，并不是判断性骚扰是否存在的决定性标准。

无论女方控诉的内容如何，在两人存在恋爱关系的情况下，两人的交往是比较容易被证明的。从周围人的证词、相关的聊天记录和信件中都可获知女方曾经非常崇拜、爱慕该事件中的上司或者导师，甚至能证明两人"相爱"的"证据"也不在少数。两人亲密互动的聊天记录、女方送给男方的礼物、外出旅行时的亲密合照等物品也会作为证据提交给法院。我曾经见过男方拿出的"恋爱"证据是一张女方赠送的圣诞贺卡。有些女性确实最初对男方并没有什么想法，但之后屈从于"对方霸道的追求"，由此展开一段恋情，因此，"最初并不想谈恋爱"并不能证明两人没有恋爱关系。

证明恋爱关系的关键之处在于"恋爱"的过程。越是激情四射的恋情，两人越是容易出现各种矛盾。师生恋以及上下级的婚外恋更是如此，他们与"温馨恋情"中的情侣不同，其间要经历各种惊涛骇浪（这恋情想必也十分刻骨铭心吧）。两人激烈争吵到男方忍不住拳脚相向，男方控制不住情绪出现性暴力，女方在交往过程中不得不去堕胎，女方作为破坏男方家庭的第三者不得不咽下人生苦水……这些林林总总的伤害，在两人还是恋人时尚且可以忍受（有时也会推动两人羁绊渐深），可是一旦两人分手，女方最终明白对方就是"渣男"时，过往的经历会一一浮现，成为令她深恶痛绝的记忆。此时的女方再忆起过去两人交往的经历时，哪怕是在自己也全情投入的甜蜜时刻，也会觉得自己是被男方精神操纵了。

出局

或许有人会指责上文中的女性卑鄙，明明恋爱时不觉得自己是受害者，明明当时心有不快却偏偏不说，非得等到分手后才开始大肆张扬，这就是不遵守游戏规则。但是，那些过往的经历对这些女性而言是千真万确的受害事实。这时估计还会有人跳出来说，所谓精神操纵，只是欲加之罪。可是在性骚扰事件中，必然存在双方力量的强弱差距或身份的上下级关系，因此压力是确确实实存在的。

而且更重要的是，在这场所谓的"恋爱"中，女性付出的代价太大了。即便两人真有恋爱关系，被男方性骚扰的女性最终也会因为恋情破裂被迫离职、失去工作；若是身处大学，女性还会失去做学术研究的大好前途。

此时请各位回忆一下，在性骚扰案件中，男女的地位并不平等——上司与下属、正式工与临时工、正式工与派遣工、导师与学生，这些都是力量悬殊的关系。也正因为如此，处于下位的女性才会崇拜这些男性，认为他们很有魅力，进而开启两人的互动。

总之，即便两人最初是情侣，但结果是女方因此丢了工作，那么这就不是"圆满结局"，反而是悲催的"出局"。

而且，被性骚扰的女性在精神上非常痛苦，不少人因此患上抑郁症。这些痛苦无异于雪上加霜，令她们回归职场、重拾学业越发困难，进而形成恶性循环，持续折磨着这些女性。人际关系是动态的相互作用，导致抑郁症的原因并不是特定的某件事，所以不能直接断言性骚扰施害者就要负起全责。但是，我想重申，性骚扰施害者面对的是自己的下属或者学生，却亲手将她推入濒临崩溃的精神状态中，怎么可能完全没责任？公司或学校必须认识到这一点，对施害者问责，去追究他作为职场人士或社会人士应负的责任，而不是仅仅将他视为抛弃女友的"渣男"。

成人的平等恋爱就没事？

在大学发生的恋爱型性骚扰里，因为校方和教师都负有教育责任（更何况学生还交了学费），必然得对性骚扰事件严厉问责。可是，在普通职场上，即便是上下级关系，只要一方不是公司老板，那么这两人就都是雇员，所以在判断两人的关系上有点微妙。不过，如果恋情告吹的负面影响只波及女方，那么这就等同于拉响了性骚扰警报。

过去的女性如果办公室恋情不顺，会直接通过辞职来"解决"问题。但是现在的职场女性不会这么做。无论她是单身还是已婚，工作已经成为合情合理的事情，或是为了自食其力，或是为了家人打拼。在精神层面上，工作会令人感受到人生的价值，也是构成自我同一性的一部分。对于那些不把工作当成"赚点零花钱的渠道"或"婚前消遣"的女性而言，性骚扰导致的职场危机是关乎生死的大问题。正因为在现代社会，工作的意义对女性而言发生了翻天覆地的变化，所以性骚扰才成为全民关注的社会问题。

无论是正常的恋爱还是不正当关系，职场恋情的落幕似乎总是很难看：见面彼此尴尬，工作也难以顺利开展。分手后，女方的存在对男方来说实在太碍眼，倘若男方手中握有人事权，只要时机合适，便会想方设法把她调走。有些男性也会考虑到女方的心情，自己主动调离原先的岗位，避免尴尬发生。

可是，假如最终女方的事业因此受到牵连，那么两人的关系就会变成性骚扰。在如今的日本，虽然活跃在职场上的女性增加了，但是男性依然在职场上占主导地位。女性为了维持一份工作，需要付出的辛劳远远超出男性的想象。一旦合同终止，下一份工作在哪儿？哪怕是一份临时工，这份工作也是生活的食粮、人生的大事。哪怕不是所谓的"职场女性"，这份工作也不是说放弃就能放弃的。然而，有些男性往往抱着轻蔑的态度看待女性的工作，还有男性会说："你们女人和我们男人不同，你们有辞职的自由，多好啊！"这些男性甚至会在心里默认，为避免冲突发生，女性辞职理所应当。可是，这样的观念可能会导致分手变成性骚扰。请各位男士切勿忽视女性对工作的执着，不要以为简单地调动岗位或者辞退女性就能"解决问题"。

权力与恋爱

想必大家都明白，男性在职场或大学里向身边的女性

"下手",等同于置自身于险境。既然双方在职业与教育上的权力关系对比悬殊,男方即便没打算动用这些力量,也会在无意中向女方施压,造成"强迫"的后果。纵然最初两人是自由恋爱,可两人在工作或科研方面是上下级关系,两人的关系很可能最终会以性骚扰的结局收场,同时给女方带来恶劣影响,破坏女方的劳动环境或教育环境。其实,在这样的上下级关系中也很难进行"自由恋爱"。

年轻的女职员或女学生之所以会被上司或导师吸引,只不过是因为这些男性具备再正常不过的专业能力与经验。在这些未经世事的年轻女性眼中,上司或导师无所不能,特别厉害。手握管理权或负有指导责任的男性利用这些女性的错觉满足私欲,是不是太无耻了?其实,只要这些女性积累了足够经验,这种"魔法"自然便会解除,届时她们会看清这些人的真面目——无非就是平平无奇的普通人。

当我这么说时,估计会有反对的声音出现:恋爱中必然存在权力关系,恋爱中肯定会有错觉。确实,完全对等的关系几乎不存在,人际关系中也不可能不存在权力关系。爱上一个人,就意味着要将自己的感情"强加"给对方,无非程度有所差异而已。法国哲学家梅洛·庞蒂(Maurice Merleau-Ponty)曾说过:"你能想象一种完全不侵犯他人意志的爱吗？"（《眼与心》，Misuzu 书房，1966年）另外，杰西卡·本杰明（Jessica Benjamin）在《爱的羁绊》（青土社，1996年）一书中写道："爱的行为中不可避免会潜藏着支配行为。"

从男女各自所处的历史与社会结构背景来讲，男女之间几乎长期潜藏着权力关系。正因为有这样的权力关系，才会从中产生恋爱这样浓烈的情感。正因为彼此关系有等级之分，女方才觉得对方比现实中更加优秀，值得自己依赖；男方才认为对方比实际更加可爱，更激起自己的保护欲。试问，这样的情愫有何不对？如果没有幻想和错觉，恋爱根本不会在这个世间出现，谁都不会走入婚姻。正因为幻想与错觉的存在，恋爱这块土壤才孕育出了美妙的果实。

上述所言虽然是事实，但是在恋爱型性骚扰中，上司、客户以及导师却是滥用了企业或大学赋予自己的权力，以满足不可告人的私欲。无论本人是否有意为之，滥用地位附带的权力就会构成性骚扰。企业与学校之所以将性骚扰视为问题，正是因为骚扰者滥用权力妨碍了组织机构内部的目的与功能。无视这种权力滥用，将其简化为任何恋爱中都有的权力关系，这不是一个有责任感的社会成员应有的态度。

职场恋爱的三条铁则

我在上文中一直发表悲观言论,但现实中,职场恋爱屡禁不止。那么,就让我在本章的最后为大家介绍在职场中如何邀约而不被误以为性骚扰的三条铁则。

第一,邀约时不要以工作为借口。第一次开口提出约会请求总是令人很难为情,于是就不自觉地假借工作之名行邀约之实:"我想和你商量一下那个方案……"虽然我能理解,但是千万不要这么做,因为这相当于把对方置于"想拒绝也无法拒绝"的境地。

第二,不要死皮赖脸地纠缠,要懂得灵活应变。"我今天正好有事……""我已经另有安排了……"这些话语犹如在商务场合惯用"我们再考虑一下"来表示拒绝一样,女性在说"No"时经常会附带一些理由来保全邀约之人的颜面。如果有人信以为真,天天殷勤地跑来问"那你今天有空吗?",只能说明这人真是脑子缺根筋。假如女性愿意赴约但当真没空,就会主动提出另一个合适的时间,比如"下个星期怎么样"。如果她只是拒绝,而没做任何后续再约的暗示,那就证明没戏了。男士们,知趣地放弃吧!

第三,被拒后不要打击报复。热脸贴冷屁股的滋味确实不好受，自己会觉得很尴尬，不想再碰见对方。但也不要因此排斥对方，或将对方调离团队，这就会变成性骚扰。工作与私生活不能混为一谈。越是遇到这种心里难受的情况越要冷静行事，这才是防止性骚扰的现代办公室礼节。

总之，严格遵守这三条铁则，就不必担心无法在职场中谈恋爱了。在现代社会中，职场也是人与人相遇的重要场所。企业高层或上司们也请同样遵守这些规则。

本章警言

男性无法觉察自身行为的理由5

中老年男性的"受欢迎",九成是因为地位和权力。

中老年男性在年轻女性眼中显得很有魅力,都是地位以及阅历的功劳。职场上有个成熟男性能拉自己一把,这点很吸引女性,但是这种男性优势并非可以长久持续。当女性也成长到能与这些男性平起平坐时,结果可想而知。如果你没有自信可以让一个成长后的女性一直爱自己,那么就控制好自己,不要去招惹年轻女性。也许你会暗自思忖,届时再换另一个年轻女孩子就好了嘛!那你可千万要当心了,这是性骚扰的危险信号。

课长,这不是恋爱,这就是性骚扰!

第六章

办公室性骚扰层出不穷

我在之前的章节主要给各位展示了恋爱型性骚扰，以及涉及私人关系与身体接触的性骚扰案例。估计不少男读者看完会长舒一口气：自己肯定不需要担心这些有的没的（但愿如此！）。虽说不可掉以轻心，但上述这些类型的性骚扰案例确实并不常见，然而也不能因为罕见就高枕无忧。毕竟现代女性已经大量涌入职场，无论她们是单身还是已婚。在这样的环境中，任何男性都有可能陷入涉及性的误会或纠纷中。

本章我将带领各位读者看看现代职场中各种常见的性骚扰案例。

无处安放的视线

日本的上班族男性基本都身着正装，而女性在穿着上则比较多样化，即使上班需要穿制服，下班后也会打扮得光彩照人。

尤其到了夏日，职场女性在着装上会适当地露出皮肤，此时，男同事们看了会不心动吗？如今日本提倡办公场所减排节能，不开或少开空调，女孩们会选择打扮得清凉一些。低领上衣衬托出的迷人肩颈、短裙下的大长腿，男同事们的视线很难不被吸引。要是在通勤电车上看见如此着装的陌生女人，男人们都会很庆幸有这样的眼福，但毕竟她们是朝夕相处的同事或下属。男职员正在偷偷大饱眼福之际，突然和这位女同事四目相对，视线顿时不知该如何安放，委实尴尬，却又觉得对方的清凉装扮对自己有着不可抗拒的吸引力。如此以来，一些言论不可避免地会在女职员中流传开："那个主管用猥琐的眼神性骚扰我！""大家要注意那个色眯眯的课长哟！"这种情况下，男职员恐怕会愤愤不平，难道就因为自己多看了她两眼吗？这也太不讲理了。他们甚至很想出言训斥："要是不想被看，就别穿成这样来上班呀！这里可是办公室！"

"电梯式注目礼"

或许有男性会辩解:"我只是不经意地看了她两眼,怎么就遇到这种倒霉事了?"如果真的只是"不经意"的行为,其实并不会被当作性骚扰。有些人的眼神会被定义为"猥琐"还是有原因的,例如,趁着女方弯腰鞠躬时一直盯着对方领口处看,目不转睛地打量着女方的大长腿还以为对方不知道。这根本不是"不经意地看了两眼",而是经常会出现的"男性凝视"。这种男性上上下下不断打量女性身体的行为被戏称为"电梯式注目礼",属于典型性骚扰行为之一。

这时又有人要跳出来说了:"我又没碰你,看一看也不行吗?""我就看一下怎么了?你身上又不会少块肉。"请注意,这种腔调就是性骚扰的危险信号。职场女性是来工作的普通人,她们上班的目的不是让男同事们赏心悦目。她们有时穿得稍显性感,也不是为了取悦职场上的男性,而男人们总是会错意。

男性往往觉得对女性行"注目礼"并没什么不好,毕竟对方"身材这么好""长得这么美"。可是,这正体现出他们对现代职场女性欠缺理解。当女性面对自己并无好感的男性时,对方带性暗示的行为只会给她带来困扰。男性总是张口闭口"职场如战场",其实对如今的女性而言,职场也是生存竞争的重要阵地。下班后被夸性感会觉得开心,但在职场上被露骨地视为性对象时,女性甚至会觉得这是一种侮辱。即便是事业心并不太重的普通女职员,被男同事如此对待也会感觉没被尊重。男性如果不懂着装TPO 原则[1]上的男女差异,那么被女同事在背地里指责性骚扰也就不意外了。

不过,男性也没必要过度反应,觉得从此要过上没有视线自由、不可以看任何女性的生活了。毕竟男人不经意的眼神与色眯眯的眼神之间的差异,女性还是能分得一清二楚的。

当玩笑变成性骚扰

不少男性怨声载道,自己的无心之言会变成性骚扰,随口询问他人隐私属于出格行为,和异性讲讲黄段子也不行,这已经毫无自由可言。其实,上述这些打探隐私、开黄腔的行为不太会演变成性骚扰这样的大问题,只会让人

---

1 指着装要考虑时间(Time)、地点(Place)、场合(Occasion)。

觉得你这个人修养不佳。

　　大家必须注意的是这种行为：你只面向一位女性讲这些话，哪怕你本意只想开个玩笑。在某些特定工种或工作安排中，偌大的职场只有一位女性，在这种情况下，如果男性发表含有性暗示的言论，就会让女性觉得是专门讲给她听的，即便说话的人并无此意。由于仅此一位女员工，她没有其他女同事可以私底下一起发发牢骚，吐槽一下爱开黄腔的课长，因此负面情绪一直得不到舒缓，内心十分痛苦。

　　也有男性会不满："为啥那家伙就可以公开讲荤段子，我却不行？"这是因为人家的主要目的是想娱乐大家，即便带点颜色，也并没有特别针对谁，而是面向所有人的，自嘲一下自己，博大家一乐。如果你专挑周围的女性下手，一开口就是炫耀自己的性经历，那这算哪门子玩笑话？

　　此外，还有一种言论也很容易变成性骚扰，就是将带性暗示的话语作为攻击女性的手段。面对春风得意的女同事或自己看不惯的女上司时，男人们当面不敢有任何抱怨或者批评，但是背地里却没少说风凉话："她工作或许挺厉害的，但是作为一个女人真是没救了。""她就看起来威风而已，一个没生过孩子的女人，这辈子注定很失败。"他们的这些话语都涉及了女性特有的性别要素以及个人隐私。这种攻击话术也会出现在下属对上司的吐槽中，甚至发生在女性之间。与批评女性工作表现或能力的话语相比，这类攻击更加贬低了女性的人格。

日本首例性骚扰审判的福冈性骚扰案件就属于这一类型。男方在公司内部以及客户面前诋毁能干的女同事："她私下玩得可大了。""她私生活有问题。""她交了一堆男朋友。"法院认为这些已经不是单纯的闲话，其严重侵犯了原告的劳动权与人格权（与职场性骚扰斗争的审判后援会，《职场的"常识"已改变——福冈性骚扰审判》，impact出版会，1992年）。

为何夸奖也会成为性骚扰？

还有一种性骚扰类型，就是骚扰者没发现自己的言行令女性不快，他觉得自己是在夸奖对方，没想到却被当成性骚扰。

或许大家都知道要特别留意一些带有性暗示的赞美，比如"你很性感""身材很好"等，但是诸如"你长得很漂亮""你是个大美人"之类的赞美也会被认为是性骚扰。自己明明是在恭维对方，对方却不领情，这人性格也太乖僻了吧……

从常理上来讲，夸赞对方漂亮，不应该令对方反感，那么为何就变成性骚扰了呢？

大家想象一下这个场景：

公司内部开会，部门主管提出一个方案，一位女员工对此发表了反对意见："采用这个方案的话，恐怕很难争取到新的目标客户。大家觉得我这种宣传方式如何？"主管虽然不情不愿地参与讨论，但这位女员工进一步拿出数据据理力争，逐渐得到了其他成员的认可。此时，主管作为方案发起人开始觉得无趣了，自己的方案明明已经得到多年经验的验证，为何她就根本不懂呢？大家要是一致通过自己的方案，今天的会议早就可以结束了，至于到现在还在没完没了地讨论吗？于是主管开口说道："好啦好啦，干吗这么认真呢？你看你现在的表情，多可怕啊，真是浪费了你这么漂亮的脸蛋！哈哈哈，今天的会议就到此结束吧！"

这位女员工听到这番话，心里很不舒服，主管这就是性骚扰啊。可是，主管本人却完全不能理解，明明自己是在夸对方"漂亮"，为何还会被抱怨？

从字面意义上理解，"漂亮的脸蛋"听起来确实是褒义词。但是，结合这番话中的语境，主管讲这句话是为了打断、否定女员工的发言，言外之意是："反正也就是一个年轻的女员工随便说说而已。"主管口中的"漂亮"，其实变成了轻视对方职业身份的词语，因此才引起女员工的不快，让她感觉自己被性骚扰了。

女人泡的茶真好喝

一些在男女分工上持有"男主外，女主内"刻板印象的人经常想夸奖对方却适得其反，构成了性骚扰。其中一个典型的"夸赞"就是："女人泡的茶就是好喝啊！"

很多男性并不知道，期待女性充满"女人味"其实是性别歧视和性骚扰。他们或许真心认可"女人泡的茶好喝"，在饮茶时也确实感觉到美味。在他们看来，这句话怎么都不可能是什么性别歧视和性骚扰，完全就是夸奖。他们认为在评价女性时，不把女性当女性对待才是失礼的行为。

然而，在当今社会，很多职场女性并不希望对方只认可自己泡的茶水或者自己的"女人味"，而是希望对方认可自己的工作内容。在职场中，当自己被对方评价"很有女人味"时，女性会敏锐地感知到对方对自己职业能力的评价是偏低的。如果各位男士还在生气为何自己的夸奖却换来对方的不满,那么请先记住我刚说的这句话。

不过,更复杂的是,有些女性会把期待或者强迫自己具备女人味的言行视为性别歧视和性骚扰,而有些女性则不这么认为。在不同的年龄段,无论男女,确实有不少人认为"男人要阳刚威猛,女人要柔情似水"。持有这种观点的女性反而认为不把自己当成女性对待是失礼的行为。

因此,现代男性要如何夸奖女性也确实是难事一桩。面对有些女性,不夸奖她们的女人味就是失礼,而依样画葫芦去夸奖其他女性却被当作性骚扰,这可真是天大的难题。

这种情况的出现,是由于现代社会的性别角色规范发生了变化,并非个人的任性或者一时兴起造成的,因此并没有一个可以适用于任何场景、针对任何人都万无一失的处方。但是,大家起码要知道在职场或者校园里,期待女性一定要有女人味是很容易引发问题的。

女下属怀孕——检测性骚扰程度的试纸

现代职场中发生的性骚扰典型案例经常与女职员的

怀孕及生产有关。过去的日本女性一旦结婚或者生育，就会开开心心地离职，但如今许多女性在生育后选择回归职场，继续工作。然而，职场上有一些恶趣味的老男人，一看到女职员怀孕，就肆无忌惮地当面开"黄色玩笑"，加之确实需要多方面地考虑怀孕员工的身体因素，因此相关的性骚扰便很容易发生。

女员工怀孕后，企业不可勉强她们高强度工作，而且在产假期间也需要安排接手其工作的人员。这是现代职场管理层的职责之一。不过怀孕生育又属于个人私事，上司或同事不经意的言辞或者态度，很可能会变成引起女性不快的性骚扰。诸如"你天天晚上在公司加班，也没影响你和你老公的夜生活啊"这样的阴阳怪气自然是禁区（上文中我已经说过，针对特定女性的言论并不是玩笑），很多人无法了解产后回归职场的女性的真实感受（她们默默承受各方压力，继续工作），因此，有不少常识希望大家能够提前知晓。

职场中一些年长的男性经历过那个女性一结婚就离职的年代，因此如今看到大肚子孕妇出现在办公室时感觉很不适应，有些人甚至会过度反应。这些男性的态度，女性其实比男性想象的更加敏锐地捕捉到了。

职场女性的增加，势必使得职场中怀孕生育的女性随之增多。如何面对同事或部下的怀孕，如何营造出良好的职场环境，可以说是检测现代男性性骚扰程度的试金石和试纸。

怀孕消息何时告知何人

对如今的职场女性而言，她们并非在任何情况下都能尽情地沉浸在怀孕的喜悦之中。即使自己很想要孩子，她们也可能会苦恼于这个孩子来得真不是时候。至于意外怀孕，那更是很难让人欢欣雀跃，只会唉声叹气。一般孕期头三个月，孕妇都不愿意声张，因此虽然有孕在身，但也不能立刻广而告之。考虑到周围人的反应以及工作上的种种情况，女性一般会在日后找个更好的时机来公布这件事。

其间，准妈妈们会因为妊娠反应或产检频频造访医院，于是她们只好把怀孕的消息逐渐透露给一些必须知道内情或者能够理解自己的人。然而，总是会有藏不住事的人在听到消息后，转头立刻走漏风声，令当事人非常为难。被人以办公室八卦的心态大肆谈论自己的私事本身就是问题，即便嘴碎之人是为了当事人着想，可是站在当事人角度来看，仍然始料未及。

此外还有一个问题：一旦职场相关人员得知女性怀孕，没问当事人的感受或计划，就立刻提前考虑日后的诸多安排，例如对方产假期间的人员配置，对方育儿期间没办法胜任工作项目，等等。上司或管理层或许会认为自己必须提前部署好一切，但当事人都还未公布怀孕消息，公司上上下下却在背地里都知道了，这其实很不妥。上司未事先询问对方的意愿，就自以为"对方兼顾育儿与事业很辛苦，得安排她去个轻松的岗位"，于是擅自进行了岗位调换，这其实是在以怀孕为理由剥夺对方工作的权利。

很遗憾，不少日本企业仍然希望女员工怀孕后不要休产假，而是直接离职。跟这样的企业相比，上司想将产后重返职场的女员工调到轻松的岗位已经算相当有良心了。如今的夫妻有孩子后，男性也能休育儿假，因此请各位不要固执地认为"母亲就应该优先考虑育儿"。不管是男上司还是女上司，既然是为对方着想而进行工作调动，那么请不要让这份心意变成违背本人意愿的骚扰行为。现代职场女性并不希望自己一旦怀孕，就像熊猫一样吸引全部目光或被"特殊照顾"。

被摸孕肚

一些性骚扰者会对怀孕的女员工发表含有性暗示的言论，另外，尤其在日本文化中，似乎大家都觉得孕妇的身体没有隐私可言。已婚已孕的职场女性最常遭遇的性骚扰，就是同事要求摸自己的孕肚。提出这样要求的人会觉得，这是在和即将出世的宝宝打招呼，然而这个部位对女性而言却属于隐私部位。当然，家人和闺密自然是例外，可职场同事、上司却不同，当事人或许并不愿他们来摸自己的肚子。有过这种经历的女性非常困扰，虽然自己知道对方提出这样的要求并没有恶意，甚至算一种亲近行为，正因如此，自己才不好意思拒绝，但是心里就是不舒服。他们的这种行为算性骚扰吗？

恐怕有男性会大为震惊，怀孕都能成为性骚扰的诱因？如今日本产后重返职场的女性仍是少数，因此大家对于下属或同事怀孕，办公室里出现孕妇等事都还不适应。但是时代在变，连未婚单身妈妈都在增多，日本社会如今正深陷少子化和高龄化的泥潭中，一个孕妇无法正常工作的企业可以说没有未来可言。

本章警言

男性无法觉察自身行为的理由6

女性到底是为谁打扮时尚、着装清凉？肯定不是为了职场上的男人们。

⬇

时尚的装扮是女性的自我表达，请不要自作多情地认为"她是在引诱我"。不停地上下打量女性的身体，这是职场禁忌。

课长，这不是恋爱，这就是性骚扰！

第七章

写给各位旁观者以及负责人

常见的反应——袒护性骚扰者的男人们

"听说是那个女的一个劲地倒贴上来。"
"公司的人都在说,对他的处罚有点过分了。"
"做出处罚决定的是那个顽固的人事主管。唉,他真是倒霉。"
"他是被公司的同事下套了。"
"他才没有性骚扰呢,都是那个女的不对。"

一旦职场里出现"性骚扰处罚""不正当关系处罚"等与性骚扰相关的处罚或者人事调动,周围的男人们就会经常出现上述这几种反应。虽然不能一概而论,但是男女在听闻性骚扰事件后的反应可谓大相径庭。女性会联想到自己和身边人的经历，相信事件的真实性，产生愤怒的情绪。可是男性却会袒护性骚扰者，不相信男方会做出这种行为，哪怕根本不了解这个当事人。甚至连能够理解性别议题的极少数男性，在性骚扰一事上，也会对性骚扰者表现出"宽容"的态度，认为一定另有隐情。我已经不止一次两次被这样的人惊到了。

这些男人的"宽容"究竟从何而来？首先，我在前文中已经说过，大家对性骚扰缺乏真实感，认为性骚扰一定是那种恶劣的猥亵行为，自己的亲朋好友不可能做出这样的事，因此表现出这种态度。

其次，性骚扰的双方当事人在地位上有高低之分，骚扰者身居高位且手握一定的权力。即便不是课长或主管，只是一个普通小职员，在派遣工和临时工面前也更有权力。因此，周遭的男性对如何站队才有利于自己简直一目了然。在性骚扰的事实关系不甚明了的情况下，甚至在明知男方有过错的前提下，男人们大都不会站在女方这一边，而是选择去偏袒男方，这应该算是职场处事技巧吧。与受害者一样愤怒、谴责性骚扰者的女性远远多于男性，这并不仅仅是因为女性容易共情受害者，另一个原因是大多数女性也不指望在职场中飞黄腾达，没必要对上司溜须拍马。证据之一，就是不少已经身处公司高层或活跃于大众传媒中的女性会用"苍蝇不叮无缝的蛋"来批判性骚扰事件中的女性受害者。

再者,不少男性心里觉得性骚扰并非"与我无关"。已婚男性也会有被身边女同事或者女学生吸引的经历。也不知是幸运还是不幸,自己并没与她们发生什么关系,但是假如对方很积极主动的话,或许自己就把持不住了,再接着自己就会被告性骚扰,如此一来,恐怕也会落入这样的境地……意识到"今日的他就是明日的我",就导致男性更愿意偏袒性骚扰者。本书一再强调,性骚扰并不只是单纯的恋爱纠纷,可无奈很多人并不懂。

男性们袒护性骚扰者、弱化性骚扰伤害的行为其实还包含另外一层含义。对男性而言,强暴与电车痴汉行为这类犯罪行为自然要另当别论,但与女下属发生性关系、与指导的女学生深度交往等行为却可以彰显自己的"男性魅力"。与自己年龄、地位相仿的性骚扰者身上具备自己所没有的男性魅力,这一点会让周围的男性升腾起轻微的嫉妒心。这人毕竟被指控性骚扰,倒不至于让人羡慕,但是此时如果有男人公开表示愤慨,说"岂有此理,他居然性骚扰女性!",那么就相当于承认自己是个老实且不受女性欢迎的普通男人。这种心理恐怕多少会对男性有所影响。

此外,男性面对同性时是一副面孔,面对异性,尤其是职级比自己低的年轻女性时又是另一副面孔。为人处世因人而异，这种行为无论男女老少都会有，本身并无好坏之分。即便是一个看上去体面的好人，做出性骚扰行为也并不罕见。一个再微不足道的普通男人，在女下属、女派遣工或女学生面前还是有点震慑力的，因此会表现出与面对同性时迥然不同的神情。在这个男人的男上司、平级同事、朋友看来，他"有地位和权力"实在令人难以置信，但是在听闻他性骚扰女性的时候，请不要简单地以"那家伙不可能！"来否定这个事实。

歪曲事实的"宽容"

无论出于何种理由，男人们对性骚扰或性骚扰者的宽容态度都会歪曲事实。

恋爱型性骚扰尤为突出，尽管周围无人知晓详细的内情，但是一些诸如"他才不会做出这样的事情""他一定被人下套了"等无凭无据的言论四处扩散，人们肆意揣测，流言四起。接着就会出现各种版本的"故事"，比如"这就是个绯闻，算不上性骚扰，也不值得拿出来当个事儿，只不过公司好面子，他也倒霉，就被处罚了""其实他是被卷入了派系争斗中，因此被捏造性骚扰的"。

对处罚不服的骚扰者会拿着这样的故事积极地四处讲述。有些人是为了逃避责任，强行挽回颜面，有些人则是因为无法理解自己所作所为的本质，固执己见，这一点已经在前文中详尽分析过。

更常见的是骚扰者的身边人卖力地为散布"故事"添砖加瓦。在当事人对外三缄其口时，这些与骚扰者走得很近的人能够直接听本人述说发生了什么，自己在公司或组织遭受了什么"不公正处罚"。此时当事人自然会选择自己想说的话来说，这些内容对他自身非常有利。能听到这些内容的人都是当事人信任的朋友，以及存在利害关系的人（否则骚扰者绝对不会开口），因此会完全相信这套说辞，于是就编造出骚扰者是"清白的冤案受害者"这样的故事。骚扰者的妻子就是典型人物，她不想承认丈夫性骚扰了其他女性。在她眼里，那个女人根本不是什么受害者，就是一个满嘴谎言的坏人，丈夫是被诬告的。当她相信这个版本的"真相"时，心理上会轻松很多。除了妻子以外，工作上存在利害关系的人也会相信"不实之罪""冤案"等说辞，并努力扩大其影响范围。

说句实话，这种只对骚扰者本人有利的故事听多了，就会察觉出其内容自相矛盾、漏洞百出。可是，这类"男性被诬告为性骚扰"的故事很符合大众的口味，一些片段就在人们的闲言碎语中、在网络中越传越广。若是当事人小有名气，还能登上周刊之类的杂志。而且，此时故事的离谱程度已经远超骚扰者最初的设想，舆论也转向贬低受害者以及做出处罚决定的企业组织。有时这会对受害者造成二次伤害，也让骚扰者显得更加恶劣。

这种被不断加工、编得像模像样的故事使得当事人的周遭出现了本章开头的那些声音，但是请切记，不要被这样的故事混淆视听。

周遭人的责任——不施加二次伤害

当对上述这些流言蜚语或评价有所耳闻时，在职场中身负重任的男性就要格外注意。装出一副精通世故的样子对这些流言照单全收，然后再表现出恍然大悟的神情，这是非常不负责任的做法。假如任由这些流言扩散，人们便会认定企业或大学的调查结果只是敷衍了事，对当事人的处罚不公平，等等，这会有损企业或大学的公信力。对女性受害者而言，在费力举报性骚扰之后，事件本应该尘埃落定，结果似乎又回到当初说不清道不明的起点。自己好不容易才振作起来，却再次遭受打击，疗愈的希望几乎破灭。这就成为对受害者的二次伤害，那些在背后推波助澜的人即便与最初的性骚扰事件毫无关系，如今也成了性骚扰二次伤害的施害者。

"那根本不是骚扰啊！""只不过是男女偷情的感情纠葛而已吧。"各种流言蜚语被人们添油加醋地口耳相传，原先只是猜测的内容被传得有鼻子有眼，闹得企业内外尽人皆知。这不仅再次伤害了受害者，也会令公众质疑组织的判断与处置的正当性。职场中身负重任的男士们要格外留意这种行为。

她来求助，该怎么办？

希望各位不要无底线地对性骚扰行为保持宽容的态度，而要力所能及地向受害者提供帮助。当你的女下属向你倾诉自己的职场性骚扰经历时，并不一定是要求你严厉问责，非得开除男方不可。其实不少女性希望得到的是男方真诚的道歉以及下不为例的保证，她们也并不愿意做出损害对方前途的举动。

作为上司的你，请务必体悟到这一点。如若不然，会让事态恶化，令当事人受到比预期更为严重的处罚。

除了第二章介绍的几例案件之外，本章介绍的这起性骚扰事件简直就是对这个道理的现实演绎，这起事件就是2010年7月札幌地方法院判决的自卫官性骚扰案件。

2006年，一位二十岁的女性自卫官在部队基地遭受了男同事的性暴力，并且，在她去找男上级军官投诉时，被勒令退职。法院认为受害者在被性侵之外，还遭遇了组织的不公正对待，判决基地要支付受害者精神赔偿金500万日元（另再支付律师费80万日元）。其中，200万日元是针对性侵，300万日元是针对组织在保护与应对上的不作为。当时受害者一再请求上级，至少把施害者调离目前的岗位，让自己可以继续正常工作。然而，上级却告知受害者，自卫队不需要女人，反而强迫受害者退职，最终双方闹上了法庭。这对当事人双方而言都是遗憾的结果。

虽然这起事件发生在自卫队这样的"男性世界"，但如今普通企业也往往无条件地将男性置于优势地位，对女性的诉求充耳不闻。其实，向上司控诉自己遭遇性骚扰的女性大多都不是为了获取巨额的赔偿金或者希望公司开除男方，而是希望男方道歉并保证下不为例，希望公司能够支持自己继续工作，等等，这些要求并非在为难上司。假如无视女方的诉求，一味偏袒性骚扰者，那么很容易适得其反，让事件愈演愈烈。希望各位男士切记，这其实与自己的管理职责息息相关。

性骚扰话题的棘手之处

不仅仅是手握人事权的上司，当事人的同事与朋友在遇到对方来倾诉自己的性骚扰经历时，侧耳倾听也非常重要。

但是，这样的性骚扰话题真是非常棘手。倾诉方难以启齿，倾听方也不得不从熟人口中听到与性相关的内容，尴尬得甚至想捂上耳朵。于是倾听方就产生了逃避的心理，希望对方不要向自己寻求帮助，而是建议对方去找公司的人事部门或咨询窗口。

然而，站在倾诉的女性角度来看，正因为性骚扰已经严重影响到工作，早已越过"隐私"的界限，她们才找人倾诉。虽然是难以启齿的话题，但她们还是去向可能有能力解决问题的人求助，因为这些人可以对性骚扰者施加影响。可是，如果这些人都持"事不关己"的态度，那么受害者就实在是太可怜了。我希望被求助的各位能够借助企业内专业部门的力量，推动问题的解决。

连上司也难辞其咎

上司如果在性骚扰事件中消极应对或处置不当，就有可能因此被处罚。2008年的国家公务员处分事例便是其中一个很好的案例。

这起事件的施害者G对一位女兼职员工进行了长达半年的邮件骚扰，内容都是性暗示与性胁迫，并且曾在办公室从背后将坐着的女方推倒在地。该男子事后被罚停职三个月，同时所属科室的课长由于在接到受害者的投诉后没有恰当地应对，作为管理监督者失职，受到了惩戒和警告处分。

这位课长并非因为无视受害者的举报而被处罚。他警告过G，可实际上该男子的骚扰行动并未因此停止，所以课长的警告没有任何效果。一个管理者没有尽到应尽的责任，就要接受处罚。

这可能只是我的想象，但我想这位上级恐怕没有准确理解眼前的事态。当时他或许没太当一回事，因为女方仅仅是兼职员工，迟早要离开这里。

这个案例告诉我们，现代的大多数上司其实还不太够格。身为上司，需要负起责任，恰如其分地应对性骚扰事件。

另外，当遇到他人来倾诉性骚扰的烦恼时，倾听者也不要无视当事人的情绪，做出出格的行为。在一些案例中，周遭人做了不该做的事，导致问题恶化了。最常见的就是怀揣"自以为是的正义感"行事。

在听完受害者的倾诉后，就擅自跑去找骚扰者当面对质。其实有些倾诉者只是想找个人说说话，调节一下心情，接下去自己会根据情况自行解决问题。在倾诉过程中，受害者或许还会夸大其词。然而倾听方却在无当事人授意的情况下，擅自去找另一个当事人，这就是好心办坏事。在骚扰者看来，当事人本人都没说什么，一个第三者却跑来警告自己，他会火冒三丈地以为"事情都传开了，自己颜面扫地"，可能就会做出对倾诉者不利的行为。倾听者究竟该怎么做，说到底，请尊重倾诉者的要求。

当然，有时是倾诉者找到第三人，希望对方充当中间人给予帮助。如果倾诉者认为"自己没办法很好地沟通"才来找你，那么你就应该替她将烦恼、情绪以及不愿意交往等信息转告给对方。或许骚扰者仅仅是没有发现女方的态度，所以你在充当传声筒时，要注意不要伤及对方的自尊，合理地请对方理解女方的喜恶与顾虑。

身边人的不理解往往会让事态恶化。不少案例中的骚扰者在事后回忆时会说："虽然是自己有错在先，但是如果公司当时能够更好地采取措施，结局或许就会不一样。"

不会是冤案吧？

上文已经说明，旁人不知道性骚扰处罚背后的不为人知的事实，因此不应该妄下断言，认为惩罚太重，甚至认为是冤案。但是，在审判性骚扰案件时真的不会产生冤案吗？有些以电车痴汉罪名被捕的男性坚持申诉自己什么都没做，最终被无罪释放；也有些人已经被判死刑或者无期徒刑，但是经过长期不懈的争取终于自证清白。因此，人们可能会产生疑问：性骚扰事件中当真没有冤案吗？

实际上，性骚扰中的"冤案"与痴汉行为或杀人等犯罪中的"冤案"有很大区别。对于痴汉行为或杀人，关注点在于嫌疑人到底有没有伸出"咸猪手"、有没有杀人这样的瞬间单一事实，如果误判，那么就会出现冤假错案。

然而在性骚扰事件中，是否存在短时间内发生的特定单一行为往往不会成为最关键的决定因素。判断依据更多来自数月，有时甚至是数年之间发生了哪些事，产生了哪些伤害，这是一种综合判断，关注长期积累的事实，而非执着于某个单一行为。虽然无法断言这样的判断绝无错误的可能，但确实也不容易出现能够歪曲综合判断的错误。从现有的审判案件来看，原告几乎都在控诉长达数年的受害经历，法院所做出的也是基于这个长期过程的综合判断。

尤其重要的是,当骚扰者主张自己是被冤枉的,所谓的性骚扰毫无事实根据,针对自己的处罚有误时,其实争论点往往不在于究竟发生了什么事,而在于如何评价此事。最典型的事例,就是当事人双方发生性关系,骚扰者在这一点上并无异议,他抗议的是组织认为两人属于不正当关系。因为骚扰者对此事的评价是:"女方主动来接近我,我们情投意合,因此我们之间的性关系不能被判定为不正当关系。"而组织的评价却是相反的:"作为公司职员(或学校教师),你与女方之间就是不正当关系。"

骚扰者与组织在事实评价上有冲突,这一点都不奇怪。无论是企业还是大学,都在依据组织既有的目的有条不紊地运作,在面对内部发生的性骚扰事件时,必然要考虑事件对组织产生的负面影响以及组织对女性成员应负的责任。此时组织所做的判断,自然比骚扰者本人的判断更为严格,如果因此就用上"冤案"一词,实属胡乱用词。

各个组织所做的判断在尺度把握上会有所不同,即便是同一个组织,有时也会出现界限模糊的判断。因此就有了很多愤愤不平的声音:"情况都差不多,为什么别的公司睁一只眼闭一只眼,我们公司就非得上纲上线?""公司之前对这种事都不管不问,为什么到我身上就变得这么严厉？"可是，企业的性质与类型不同，其判断标准也各有不同，教育机构更是会设置严格的标准。而且从长远来看，社会对于性骚扰问题的理解正在不断深入，严肃处理也会逐渐成为主流。骚扰者无视上述道理与社会背景，一口一个"冤案"，这种闹剧行为反而暴露出自身对于性骚扰问题的无知。

本章警言

男性无法觉察自身行为的理由 7

> 公司自有公司的判断标准。

⬇

并非只有处于"黑色地带"的行为才是性骚扰。如果一家公司的底线是只要不发生强制猥亵的犯罪行为就好,那么人们必然会对这家公司的品格打个问号。哪怕是处于灰色地带的性骚扰也能恰当地处理,公司才能在今后有效防范性骚扰。

课长,这不是恋爱,这就是性骚扰!

最终章

避免被指控性骚扰——
假如被指控了,该怎么办?

该不该承认？该不该道歉？

前文我已经用七个章节的篇幅给大家分析了如何避免被指控性骚扰。然而，或许这些忠告已经晚了。在本书的最后，我来提供一些被指控恋爱型性骚扰时具体可操作的建议。即便不是当事人，作为当事人的上司或友人，这些内容也会对你有所帮助。

首先第一个问题，当别人举报自己性骚扰时，该不该承认？

我开门见山地说，道歉是最稳妥的选择。阅读本书至此的读者应当已经明白，性骚扰行为有轻重之分，道歉与承认自己的行为并不意味着此事一定会升级为了不得的大案件，也不意味着自己一定会被视为罪犯。把自己择得一干二净的态度反倒会激怒女方,诸如"我没有做错""女方没明确说不,就说明她同意了"等话语,会让女方陷入无法继续工作或求学的绝望中,强化自身的受害感受。此时最恰当的做法就是真诚地道歉:"我并没有要骚扰你的意思,因为误解了你的感受,所以才做出了不恰当的行为,我非常抱歉,并且保证今后不会再这样做。"

大多数男性会认为,如果自己承认并道歉的话,不知道会被如何问罪和索赔,所以,死不承认才是上策。可是,在性骚扰事件中,女方多半都是男方的下属、平级同事、学生或者工作上有来往的人,她们平时与男方是被关照或者合作的关系。除非特别严重的性骚扰行为,否则不太可能出现男方道歉的诚意不被女方接受的情况。

敷衍的道歉会适得其反

首先,大家要特别注意的是,道歉时不要出现"那我道歉,行了吧"的敷衍态度。嘴上道歉,语气里却充满对女方的怒气,内心想的是:"居然敢告老子性骚扰!"这种只做表面文章的道歉最让女性受不了,也会适得其反。

正确的道歉要建立在充分了解自己究竟误解了对方的

哪些行为、对方为何不快或愤怒的基础之上。本书已经多次提及，男性"天生"自带钝感，对女性的愤怒与困惑常常毫无觉察，因此要多接受身边人的建议或忠告。

即便如此，不少骚扰者内心并不觉得自己有错。他们心中会产生不满，觉得："还是过去好啊，现在的女人怎么变得如此自私任性，自己就非得这么处处小心吗？"我只能说，请接受现代职场已经发生改变的事实，并且不要认为这些改变给男性带来的只有损失。请大家回想一下，公司是否有基于女性视角开发的产品成为热销款，而这是公司里的年长男性完全想不到的？女性用户原本不就是很重要的目标客户吗？况且社会和职场发生了这样的改变，相当于自家女儿以及未来的孙女在社会上发展的机会增多了。如此想来，我们不应该期待这样的改变吗？

其次，还有一事非常重要，就是不要不思悔改、屡次犯错。当初的道歉再有诚意，如果还是一而再、再而三地犯错，那么之前的道歉就毫无意义。遗憾的是，性骚扰者经常是惯犯。所以请务必反躬自省。

该不该交往？

我相信有些男性对自己的女下属、管辖的派遣工或者女学生抱有好感时，会想要进一步发展两人的关系。我要来泼冷水了，请男士们放弃"我要不尝试一下？约一下？"这种想法。在前几章里我已经阐述过，当你与上述这些女性交往时，即便当初互相有好感，也进展得不错，但是仍存在风险。虽然本书没有对"不正当关系"进行道德批判，但是已婚人士更要自重，远离风险。

假如你不是抱着玩一玩的心态，而是真心想和对方交往，那么，何不再多等一段时日？何不等待女方工作合同或派遣合同到期，不再受你的工作权限管辖？何不等待女方毕业，不再是你的指导学生，到时你再展开追求？假如你是真心的，这样的等待不难办到吧？

假如你办不到，那么请你扪心自问，你可不可以离开女方所在的公司或者学校，然后再去追求她？假如你也办不到，那么你就是在利用自己作为上司、监督者的权力接近女方，你百分之两百会被问责为性骚扰。想要直接利用自己工作上的权力去追求女性是非常危险的性骚扰警报，望周知。

如果还是按捺不住自己的春心，那么我建议你翻开本书第五章,再次仔细阅读"职场恋爱的三条铁则"。

结婚是不是就没事了?

大家或许会想,无论女方是自己的下属还是学生,男方只要负起"责任"就行了吧?眼看要惹上麻烦了,那么在闹出性骚扰丑闻之前打出"结婚"这张王牌,就万事大吉了吧?

实际上我还真认识某位业界大佬,他几度结婚又离婚,从他的第二任妻子开始,对方全部都是他的学生。多么煞费苦心的操作啊!一旦两人的不正当关系被撞破,势必会变成性骚扰丑闻,干脆一不做、二不休,两人直接结婚。然而这种招数需要当事人在经济与精神上都很强大才行得通,还得有足够的手段说服现任的妻子离婚,当事人几乎可以称得上"超能力者"了。

最近人们开始质疑这种"尽责结婚"的方式是否管用。如今的女性并不把结婚看作人生的终极目标。当女性控诉性骚扰时,她们的诉求是重返之前被男方破坏的事业之路或求学之路,此时用"结婚"来安抚女性,显然行不通。我上文提及的那位大佬,如今已经九十岁高龄,"尽责结婚"是他所在的那个时代允许的产物。

目前恋爱中,该怎么办?

> 我现在正在跟一个"需要注意"的女孩子谈恋爱。目前两人的争吵还算是在正常范围之内,可是最近我们矛盾不断,估计不久就得分手了……我现在该怎么做,才能让自己不会在两人分手后被她控诉性骚扰?

那些自信绝对不会牵扯进性骚扰的男人,请回想以下几条事项。

首先,你女朋友是否因为和你交往而在事业或者学业上遭遇挫折?是否因此放弃了事业上的发展良机?是否业绩大不如前?此处请不要以男性的标准来衡量,尤其是在男方比女方工作能力强、经验丰富的情况下,男性觉得不值一提的小事,在女性看来却完全不是这样。男友随口的一句"不要也罢",或许就让女友直接放弃了她内心很认可的大好机会。

其次,与交往之前相比,女友在工作上的地位是否越来越低，处境是否越来越差？例如刚交往时她还是正式员工，如今变成了工作不稳定的派遣工；或者最初她是前途光明的在读研究生，如今变成了看不到未来的高学历低收入者。如果符合上述情况，那么这是相当危险的信号。

此时男方会觉得，她的这种变化又不是我的错，她要是有"实力"也不至于这样，怎么可以怪罪到我头上呢？

可是，大多数男人在追求女人时，会对对方的工作能力和品位赞不绝口，在热恋期间更是如此。男人把女人高高捧起，赞她前途无量，当这话出自女方尊敬的上司或导师之口时，女方怎会不开心？两人的关系也会因此迅速升温。

说实话，这些溢美之词或许是男人有口无心的话术，或者只是他们"情人眼里出西施"时的情话而已。可是，当两人关系即将破裂之时，面对处境不佳的女友，男人却把曾经的赞美忘得一干二净，张口便说"是她自己没能力""这事不能怪我"。试问，该如何评价这种行为？这种翻脸不认人的态度会导致女方产生受害情绪，从而演变成性骚扰。

支援女方的人生

分手、变心，这是任何一段感情都可能发生的结局，这结局本身并无好坏之分。只不过，如果女方是自己管理的员工、指导的学生，那么这段关系就更需要男方的坦诚与诸多考量。

当男方要与这段特殊关系里的女方分手时，或者考虑到两人将来可能分手时，请务必从女性视角出发，审视女方的事业或人生规划是否因为这段关系走了下坡路。假如发现真存在这样的情况，请务必真诚地道歉，并且帮助女方走好接下来的人生之路。

"这个我可办不到！""就算我想，我的身份也不允许……"这样的回答恐怕会接踵而至。但是，果真如此？在你们交往期间，为了不被家人、身边人发现你俩的关系，你应该付出了相当大的努力与代价吧。当自己沉浸在爱河里时，所谓的代价根本不算什么。然而，当爱意消失后，你就只会一脸冷漠地说"办不到"吗？你明明可以为对方的人生做些什么，只不过你觉得麻烦而已。

即便你无法实现对方百分之百的期许，也可以真诚地告知对方，你会对她的人生规划负责并且提供支持。那么对女方而言，她就不会对你们的交往感到后悔或愤恨，也不会觉得被你性骚扰了。

此外，如果你如今分手是为了换个新对象，那么这是一个非常危险的红色警告信号。虽然更换恋人也不能说不好，在现实中也经常发生，但是如果你目前的交往对象是自己的下属或学生，再找的新对象依然是相同身份，那么必然会让女方相当愤怒。在性骚扰的审判中，经常有女性控诉"男方对其他女人做出曾经对自己做过的事，令人难以忍受"。

当你时刻想着新对象时，那么你目前的交往对象表现出的态度必然是"被遗弃的怨恨"与"对你始乱终弃的愤怒"。此时你的真实想法应该是希望她快点消失，别坏了你的好事，此时的她对你来说已经无所谓了。可是，我在上文中已经多次提到，你对自己的下属或者学生下手，就是在滥用你的职场权力，你要为此付出相当高的代价。当一个滥用上下级关系的男人企图用"分个手而已，我哪里错了"这样的态度来收拾残局时，红色警示灯闪烁的频率便会越来越快。虽然我明白我是在做无用功，但还是要请男士们切记，就算只是为了不被女方指控性骚扰，也要以坦诚的态度直面对方的感情，去支持她今后的人生发展。如若不然，你将会陷入职业危机的泥潭中。

当被指控性骚扰时

一些女性会先去企业或者大学的咨询窗口举报,也有些女性并不尝试组织内部的解决途径,而是直接去找律师。事件中的男方就会被叫到人事部门或者咨询室。律师事务所会给男方寄送附带邮寄文件证明[1]的信件,或许签收这封信的是男方全职在家的妻子,她会惊讶于信中的内容,骚动就从这里开始。无论此时男方感到晴天霹雳,还是心中有数,对他而言,正如本书第三章所写的那样,这都是"噩梦的开始"。

虽然此时男方很想无视这些传唤或者律师函,假装岁月静好,但其实这并不是良策。假如男方拒收附带邮寄文件证明的信件,或是收了却置之不理,那么律师会把信寄往男方的公司,或以其他方式联系该公司。当女方知道与男方无法进行沟通时,或许就会直接把他告上法庭。假如男方不想这件事闹得公司上下尽人皆知,不想被直接传唤到法庭,那么利索地接收律师函并且按要求联系对方律师才是上上策。如果男方不理睬公司人事部门或咨询室的谈

---

[1] 特种邮件之一,证明邮件内容(文书,日期,寄件人、收件人的姓名与地址)的副本,是日本总务省对所邮寄文件的内容进行的公证。

话要求，那么人事部门就会去找男方的直属上级。虽然男方非常迫切地希望能够假装什么都没发生，但是这只会恶化问题。

接下来，骚扰者会前往人事部门、咨询室，或者与女方律师联系，获知女方控告的内容，不过，因此认同女方的主张并为自己的性骚扰行为向对方道歉的男性却一个也没有。这并不是因为性骚扰事件中女方的控诉内容与事实不符，而是因为双方对同一事实和事态持有的看法、理解与解释都大相径庭，这在本书前几章已经详述过。在人际关系与互动交流中，人们时常会误解彼此的意图，只不过这种分歧在性骚扰事件中表现得更加明显，于是就容易演变为冲突。

因此在男方眼里，女方的控诉看上去是"可笑的错觉"与"谎话"。可是，一味将其归结为女性的被害妄想，固执地认为自己毫无过错，并不能解决任何问题。其实在两人关系中还存在另外的事实，这是男方看不到的，而且他也认为自己没必要看到。只有当女方站出来控诉，男方才被迫直面这一隐形的事实，在女方的注视下冷静地反思两人的"感情"与关系。

然而，对隐形事实毫无知觉的男方会怒不可遏。自己曾经关照过，也一直在讨她欢心的可爱女人，居然"背叛"自己，这感觉如同"被自己养的狗咬了手"，简直让人气炸了。别的不说，自己在人事部门或者大学的咨询室里被当作"施害者"对待，就已经非常伤自尊了。虽然负责人也出言解释："目前只是想了解事件的发生过程，并不是把你当作'施害者'。"但是在那种氛围下，男方肯定沉不住气。

尤其在女方直接找了律师，律师以代理人身份与男方会面时，女方讲述的事件经过会作为控诉男方的"事实"被转达给男方。此时男方会惊讶于自己被描述为罪大恶极的"性骚扰者"，头嗡的一声，一股血冲涌而上，这种故事万一传出去可怎么办？于是男方开始反击，指责女方在虚构事实，讲的话毫无凭据。

我能理解男方的心情。然而，此时最重要的是冷静。

首先，不要攻击女方，这点非常重要。在一些性骚扰事件中，男方为了反击女方的控诉，面对处理此事的负责人，不断抨击女方人格有问题，有病态心理等，企图证明女方所言不实。而且他不仅讲给负责人听，还将这样的"信息"散布给身边所有人，告诉大家自己被卷入一起荒唐的事件中，女方是个记恨自己的、人格异常的神经病。

可是，这么做只会适得其反，更加伤害自己。

性骚扰的伤害还在持续

我能理解男方那份誓死守护自己、拼命为自己辩护的心情。我举个不太恰当的例子，如果自己被指控犯下子虚乌有的杀人或盗窃罪行，那么必然要誓死捍卫自己的清白。可是，这里有很大的区别，杀人、盗窃的行为已经结束，可是对遭受性骚扰的女性而言，这种骚扰的伤害还在持续。由于与男方的关系，女方在精神上遭受打击，并且事业与人生也蒙受损失，虽然两人的关系已经结束，但是女方感受到的伤害却仍在持续。假如女方认为曾经受到的伤害已经随风而去，那么她就不会特意站出来指控男方性骚扰了。

因此，男方越是攻击女方，女方的伤害感就越强。男方的"她人格有问题""她是个撒谎精"等言论会在周围散播。事件中的男方基本在公司里身居高位，对下属以及周遭有一定影响力。假如男方是导师的话，身边应该有不少尊重师长的学生吧。这些人会选择站在男方一边，相信他口中的这些言论，有时甚至会夸大其词，将攻击和侮辱女方的话语传播得更广。此时这些言论就成为不负责任的谣言，甚至会传到网上，引发连锁反应。

如此一来，对原本就因性骚扰备受折磨的女方而言，事态越发恶化，她的未来以及人生将会更加灰暗。现实与网络上各种饱含恶意的谣言与中伤会让女方患上严重的忧郁症等精神疾病，这种情况并不少见。女方最初控诉的性骚扰行为中，男方究竟该负多少责任尚未有定论，如今却又派生出新的伤害事实，女方的被伤害感更加强烈，最终会酿成无法挽回的恶果。男方为洗刷性骚扰嫌疑做出的自我防卫反而成为更加严重的骚扰行为。即便他自己并未积极参与传播谣言的行动，但在这漫天的流言蜚语中，女方甚至会连公司或学校都无法前往。一旦到了如此严重的地步，组织在调查该性骚扰事件时，很大概率会把女方的这种现状纳入考量范围，这可能导致对男方更加不利的结果。

先前我用"杀人""盗窃"做了不恰当的比喻，现在我再举一个类似的例子：对举报性骚扰的女性而言，男方这种丧失理智的人格攻击以及散播负面评价的行为，就好比一家污染企业在已经破坏环境、受到公众质疑的时候，却仍然继续排放有害物质，升级了破坏程度。我能理解一个人在被指控性骚扰时无法保持冷静的心情，但是如果最终演变为上述事态，不仅对女方，对男方也是一种不幸。

理解问题所在

此时男方必须冷静地去理解女方控诉的内容，搞懂组织要解决的是什么问题。

首先，如我前文所言，要从女性的视角反思两人的"交往"经过，其中存在着曾经被忽视的细节。虽然承认这些细节令人痛苦，但这是不让事态恶化的必经之路。

其次，组织将男方的行为作为性骚扰来问责，是要解决什么问题？组织绝对不要敷衍女方的性骚扰控诉。因为对企业与大学而言，应对性骚扰是组织的危机管理事项。当女方是学生、客户或合作企业的职员时，如果组织应对不当，将会造成负面影响，不利于今后面对商业伙伴或监督机构。当问题引发社会舆论时，有可能损害组织形象。还需要考量企业与学校内部的处理方式，应对性骚扰事件所涉及的人事管理成本也是一个问题，假如处理问题费时费力，也会影响负责人的风评。

既然要倾听女方的控诉，"救济"女方，那么组织必然会寻求对自身而言合理的问题解决方案。我在本书第七章中写道，在应对性骚扰事件时，组织如何评判事实是关键。男方始终坚信，他与女方的性关系是否在同意的前提下发生才是关键，于是他收集各种同意的"证据"，主张他的行为不是性骚扰，可是，企业对此却有不同的观点。无论男方是否取得女方的同意，他与派遣工发生私人关系并因此给予女方各种便利，就是对企业的背信弃义。例如出差时特意把女方作为随行人员带上，这种工作态度本身就有问题，在教育和研究机构提供的研究室里与女方发生性关系也是如此。男方做出这类出格行为，而且被女方控诉是通过施压逼迫才发生的，组织必然会严厉问责。面对这样的事实，男方还高呼"冤枉"，简直错上加错。

纠纷不断的性骚扰案件——对抗制诉讼

在女方控诉男方的性骚扰行为，组织进行调查并做出处罚决定后，也有不少骚扰者不认可组织的认定与处罚。真心反省的骚扰者不好说百分之百没有，但是这样的人绝对少之又少。虽然男方内心不满，但是将矛头指向女方，反而会让自己深陷险地，这一点在处罚下达后依然不变。有些人甚至开始猛烈抨击组织，指责人事部门的判断有误，坚信自己是部门主管派与总经理派内部斗争的牺牲品，这种言论不仅不能自证"清白"，更会把自己推向不利之境。组织始终希望当事人能够调整情绪，踏踏实实地继续投入工作。

然而,少数人会主张组织的判断与处罚不当,把企业或学校告上法庭,要求其撤销处罚(公务员是向人事院或人事委员会提出不服申诉)。有些人甚至把组织和女方一起告了,起诉罪名是名誉损害和诬告罪。

当然,告自己现职的东家的难度很大,因此他们基本都是在受到企业解雇处罚后对企业提出撤销处罚诉讼。倘若男方是公务员或者大学教师,即使受到停职或者警告等比较轻的处分,一般情况下还能继续留任工作,有时也会提出对抗制诉讼。工薪阶层似乎都不太能果敢地去告自己的公司,所以公务员和大学教师就显得格外有胆量(详情可阅读:牟田和惠,《被"缩减"的意义与问题——性骚扰与法及制度》,刊登于《现代社会学论坛》第三号,2004年;牟田和惠,《性骚扰与社交控制》;宝月诚、进藤雄三编,《社会化控制的现在——以构筑新型社会化世界为目标》,世界思想社,2005年)。

申请法律裁决是宪法赋予国民的权利,因此自然不可批评骚扰者提起诉讼的行为。可是在作为性骚扰受害者的女方看来,自己遭受的伤害好不容易得到承认,问题也终于解决,自己却要再次被揭开伤疤,被迫卷入法院诉讼中,甚至还成了被告,内心便会痛苦得无以复加。组织作为管理者、责任人，也要被迫站在被告席，经历漫长的审判过程，其中成本之庞大可想而知。

男方冒着巨大的风险仍要抗争，或许是想竭力保全自己的颜面与自尊，尤其是那些享有国际声誉、时常在媒体上露面的公众人物。对他们而言，不惜一切时间与金钱的代价都要抗争到底，即便最终无法完全证明自己的清白，只要能在法院获得"该处罚有可疑之处"等话语，便等同于自己胜利了，名声也就保住了。各位估计也能从中感受到，这些名人看到一个既无地位又无权势的女子居然敢用性骚扰的罪名来反抗自己时，内心有多么愤怒。

我再多说一句失礼的话，一个人哪怕没有显赫的名声与地位，也会如此拼尽全力。在我迄今为止见过的庭审案件中，一些骚扰者妻子的"卖力表现"非常醒目。她们坐在旁听席第一排，当丈夫在发言中表示与受害者毫无关系时，她们会关切地频频点头，然后望向受害者的眼神仿佛在看蛇蝎一般。这样的妻子，我在庭审中不止见过一两次，实在会忍不住揣测，不惜一切代价甚至把自己的工作单位告上法庭，只为证明自己没有性骚扰，这恐怕不只是本人的意志，还有他妻子的……

假如当真无法接受性骚扰处罚，要为自身清白而抗争，那么请先冷静地计算下，自己那么想保全的面子与自尊究竟价值几何。自己想要的体面，会不会仅仅是针对妻儿的而已？会不会只是为了在家人面前抬得起头，才那么想要证明自己的"清白"？把做出性骚扰处罚的组织告上法庭的这种行为，虽然我不会阻止，但这其实是损人不利己的自杀式行为，既给组织制造麻烦，也断送了自己的职业生涯。在做出决定前，请务必三思，这是自己真正想要的结局吗？

保全面子的确重要，但是一味地推卸责任，固执地认定自己没有丝毫过错，给企业或者身边人造成困扰，反而更有损面子。该服软的时候就服软，诚实且灵活的应对行为才能让一个男人真正守住面子。

选择律师

假如确定要抗争到底，那么自然少不了聘请律师。不过，假如只想尽快解决问题并把伤害控制在最低限度的话，也应该考虑请律师作为代理人出面与女方交涉。但是，律师并非万能的，而且一些男律师对于性骚扰问题的理解非常肤浅，务必注意。当骚扰者说"女方也同意我们的关系""我们这是成人之间的交往"时，有些律师会应和道："那这不算是性骚扰啊！真荒唐！""最近这种不懂事的女人确实不少啊！"骚扰者听到律师的这种回应时可能会欣喜若狂，觉得终于找到懂自己的人了。可是，就是要格外小心这样的律师。他们很可能有根深蒂固的歧视女性的意识，完全不理解性骚扰的问题所在。聘请这样的律师反倒会得不偿失。

早年我曾参与过一起性骚扰的庭审，那段经历令人震惊。

在这起案件中，女方因不堪性骚扰而对外公布此事，却被公司以挑起事端为由解雇，女方主张这是不公平的待遇，将骚扰者及公司一并告上法院。公司的人事部门主管在庭上作证，他大大方方地说："虽然我们也知道男方有错，但是我们不能辞退他，于是只能辞退女方。"这位主管或许是实话实说，可是在审理歧视女性的性骚扰案件的庭审现场，他居然发表如此露骨的歧视言论，实在令人咋舌。说出去的话，覆水难收，法官听到这番言论后，内心判断一定受到了影响。

更令人难以理解的是这家公司的律师。他为何不事先知会这位主管，这种歧视言论万万说不得？如果是律师准备不足导致了这个结果，那么这可以算是律师的专业过失。然而，根据我事后的了解，这个律师一开始就不懂这起诉讼的意义。种种迹象表明，他以为这不过就是男女之间的情感纠纷，居然还打上了官司，于是根本就没当一回事。在这场官司中，女方胜诉，其中的一部分功劳，应该归于这个律师的失策。在支持女方的人看来，对方律师失职自然是好事一桩，但是被告方多少有点可怜。

如今的律师虽然不至于如此离谱，但有些人确实还不能正确理解性骚扰问题。我曾经见过一个案例，一个公司中层领导与自己的女下属长期保持不正当的男女关系，事后被女方指控性骚扰，于是他在公司内部陷入剪不断理还乱的纠纷，公司也对他的荒唐行径十分不悦。他本人也因此低调沉默，可是他请的男律师却高调主张女方之所以告他性骚扰，是因为男方新交了女友，导致女方十分不满，这是她在发泄情绪。这个律师巧舌如簧，成功地让男方对公司产生了仇恨情绪。估计在这个律师的思维逻辑里，只要坚持两人是恋爱关系，那么就不构成性骚扰，男方也就可以不被问责。虽然男方落得如此下场纯属自作自受，不过遇到这样的律师也是倒了八辈子霉。

而且，即便男律师对性骚扰问题有所理解，可是理论与实践却存在差距。实际上，甚至还有律师被举报性骚扰自己律所的女同事。当你想要咨询律师时，请务必确认律师的资质与经验。

律师的作用不仅体现在庭审上，也体现在与对方的交涉过程中。受害者要求的"诚恳的道歉"，对于当事人而言可能很难做到。不过本书已经反复强调，骚扰者最好能尽快面对受害者解决问题。虽然我一直苦口婆心劝大家，一定要坦诚地去解决问题，可是，假如你真的做不到亲口承认自己的性骚扰行为，那么采用有点抽象，但能让对方接受的措辞也不失为一种方案；也可以要求对方保证问题解决后不向第三方透露任何细节。男方要向女方支付一笔精神赔偿金，或许会很心疼，但假如换个思路，这笔钱不仅可用来表达歉意，还可用来守护自己的后半辈子，那么这些赔偿的意义就大为不同了。总而言之，只要肯尽力，总能找到一个解决问题的折中方案，既不会让纠纷没完没了，也能尽量保住自己的面子。此时，让一位能够沉着冷静地与对方交涉的律师作为代理人的优势就显露出来了。

当你在律师或者金钱的帮助下让这场纠纷得到"解决"之后，应该会很想忘掉整件事情。但是，请记住，不再重蹈覆辙至关重要。实际上屡次犯事的男性还真不少。虽然深陷性骚扰泥潭中的经历不好受，但我希望骚扰者能够坦诚面对自己和这段经历，走好今后的人生之路。

后　记
我的性骚扰二次伤害体验记

我在前文中已经提及，在日本还未出现"性骚扰"这样的专业术语与概念时，我已经开始从研究与实践两方面接触性骚扰问题了。说句自吹自擂的话，在性骚扰问题领域，我算是个专家。

然而，身为专家的我居然也遭遇了性骚扰的二次伤害。

所谓的性骚扰二次伤害，最本质的定义就是，受害者因为对外公开了自己的受害经历，受到身边人以及相关人士的恶劣对待，遭受新的伤害，受害者因此承受巨大压力，被侵犯隐私，甚至还被威胁恐吓。但是我的情况稍有不同，是工作伙伴引起的性骚扰问题的余波让我在事业与精神上受到伤害，因此，对我身上发生的"二次伤害"更确切的叫法应该是"派生的性骚扰伤害"。

我当时在参与一项大型出版工作，周期很长。连我在内的数名研究者作为编辑委员共同协助完成这项工作。当工作进展到第三个年头时，一名委员被爆出性骚扰问题（根据所属机构官方网站的说法，是"不恰当行为"），被迫从供职机构离职。

这项工作倘若只是个人的著作或者研究文集，这个小插曲倒也无甚大碍，可是这项出版计划关系到该领域的整个学术界，体量十分庞大。我很困惑，我们该对这事态视而不见，继续让这名委员参与项目吗？而且从出版的学术内容上看，我们更应该对性骚扰问题保持敏感。

然而，共事的人要么袒护这名委员，认为他才是受害者；要么事不关己，袖手旁观。反而是质疑他的行为是否失德、是否为社会所允许的我被大家视为异端分子，最终，我居然从这项工作中被除名了。

几年来倾注在这项事业上的热情与精力，全部付诸东流……

虽然我最初也不是为了钱才接下这份工作的，但是按照学术出版界的管理制度，哪怕我为其工作了三年，但最后除了交通费，我一分未得。

这场经历成为我深入思考性骚扰问题的契机。我曾自许性骚扰问题专家，可是性骚扰问题的根源有多深、对周围的伤害有多大，直到此时我才有了切身体会。而且我感受到，骚扰者本人以及他身边的人对性骚扰的理解严重匮乏。骚扰者坚信自己并无过错，自己是被冤枉的受害者。身边人对他的盲目信任更是有过之无不及，还有一些人认为作壁上观才是"中立"且正确的态度。其实他们采取这些态度并非完全出自恶意或者利己之心，更像是因为他们处于对性骚扰事态无知的状态。

以理智著称的日本数一数二的学界人物尚且如此，更何况普罗大众，大家应该也对性骚扰存在误解或者成见。假如我可以为改变现状做点贡献，假如我能为因这种误解而遭受伤害的女性提供一点帮助……

在这样的思绪下，本书诞生了。我与集英社资深编辑落合胜人讨论本书的写作时，为了让读者能够更好地理解"男性无法察觉自身性骚扰行为"的原因、背景等情况，我决定把范围扩大，不只是局限于恋爱型性骚扰，还在书中分析了因言谈举止不当而变成性骚扰的案例。因此，正如我在前言中所说，本书向读者展示了"性骚扰行为的费解之处"，这是一般性骚扰科普读物或手册中没有的内容，也是我自傲之处。

相信有些读者读完本书后，会认为我发表的见解都是站在骚扰者的立场，认为我对骚扰者太宽容，性质恶劣的骚扰者明明为数众多，我却视而不见，有包庇之嫌。

确实，社会上哪会只有这种"做了却不自知"的性骚扰者？故意利用自己的有利地位进行性骚扰的"确信犯"大有人在：霸道总裁骚扰女员工，男顾客骚扰女店员，男患者骚扰女护士，男教师骚扰女学生。他们在明知对方无法开口拒绝的前提下，去进行肢体接触、强吻，甚至强迫对方与之发生性关系。在东京都厅长期研究性骚扰问题的金子雅臣通过自身丰富的现场经验，将对自己的恶劣行径毫不自知却还反复进行性骚扰的男性形象在书中描绘得栩栩如生（《坏掉的男人们——为何他们反复性骚扰女人》，岩波新书，2006年）。针对恶劣性骚扰的防范方法、针对骚扰者的应对方法当然非常重要，但本书几乎不涉及这类案例。并不是因为我觉得这样恶劣的骚扰者很少见，而是如果我在开篇就将男性定位为恶人，恐怕无人会有耐心听我讲出我的见解。

实际上，明知故犯的骚扰者与不自知的骚扰者并非界限分明。任何人都有"不自知的钝感"。假如不理解不自知的骚扰者的立场与思维方式、感知方式，那么就无法从根源上真正解决问题。仅从女性受害者的立场来谈论性骚扰的话，性骚扰行为的"费解"就会一直持续。假如本书能为改变现状提供些许帮助，我将不胜欢喜。

在我创作本书期间，承蒙亲朋好友诸多关照。

首先，在遭受上文提及的"二次伤害"时，我一度困惑不堪，不知该如何是好，当时许多与我相熟的女研究者纷纷为我加油鼓劲。假如没有她们的支持，我恐怕会陷入性骚扰受害者常见的自责情绪中，认为是自己不对、自己太较真了。我也想通过本书向这些伙伴致谢。

我的养父知美律师（大阪·友法律事务所）凭借他丰富的经验，给予我很多写作的启示。"校园性骚扰全国合作网"的成员们以及共同致力于研究性骚扰问题的同仁们也帮我分担了许多压力。

此外，日本的非营利机构"女性行动网络"（Women's Action Network，简称 WAN）的同仁们也曾给予我诸多帮助。我尤其要感谢理事长上野千鹤子女士对我出版事业的鼎力相助。我还要特别感谢同志社大学全球化研究科的冈野八代女士，她同样也是 WAN 的成员，不仅以伙伴的身份不断激励我，还在骚扰者心理研究方面为我提供了宝贵的启示，令我感激不尽。

牟田和惠
2013 年 5 月

读客® 女性主义文库

部長、その恋愛はセクハラです！

当下我希望无论男女都能充分理解这个女性无法说"No"的社会结构与真实状况，努力创造一个可以说"No"的环境。

——牟田和惠